ヤマケイ文庫

山人たちの賦

山暮らしに人生を賭けた
男たちのドラマ

Kaizaki Kei
甲斐崎 圭

Yamakei Library

山人たちの賦

山暮らしに人生を賭けた男たちのドラマ

目次

プロローグ　山また山。そして、人……

私が生まれたのは、島根県の山奥の村である。だが、私には山奥の村で暮らしたという明確な記憶が、ない。

なぜなら、私が生まれた山奥の村は、土木技師をしていた父の赴任先であり、そこで暮らしたのは三年たつかどうかぐらいの短い期間だったからだ。

父は鹿児島県人なのだが、仕事柄、山奥で暮らすことが多い人だった。だからかどうかはわからないが、私は父の背中に、いつも、〝山のにおい〟が漂っているのを感じていた。

謹厳実直を絵に描いたような人であり、口数も少ない人ではあったが、ポツリポツリと話してくれる〝山〟の話を、私は妙に鮮明に憶えている。

山犬、山鳥、熊、猪、猿、鹿、森、樹木、川、水、魚、幼《おさ》な日《び》に私自身も体験していたかもしれない〝山〟の話は、私にはある意味で衝撃であり、月光仮面や鉄人二十八号の話よりも面白く、好奇心を惹かれた。

物心ついた時には、私はもう都会《まち》に住んでいたから、山とのかかわりは無縁になった。だが、私の中から〝山〟は消えるどころか、ますます鮮明になっている部分さえあり、それを発見した私はガク然とすることもしばしばだった。

幼な日に父の口から聞かされた山の生活。それが大人になってからも消えていない。山で生きる人たちを訪ねる旅をするようになって、もうどのくらいになるのか、はっきりとは憶えていないが、それは私にとって、〝山のにおい〟を嗅ぎとりに行く旅であったのかもしれない。

山のにおいを嗅ぐ。私の山行は山に入ることだけではなく、山の暮らしを肌で味わおうとすることだった。といっても現実に山暮らしをしているわけではない私に、それを体験できるのは、山で生きる人たちに会い、少しでも彼らの肌から滲み出てくる山の気配を感じとることだった。

山で生きる人たちに会い、都会ではとても想像できない話を聞くことは、私の好奇心を鋭く刺激した。

だが、それは決して、埋もれていた幼な日の記憶を甦らせるものではない。山で生きている人たちの生活の話は、日常そのものが〝山〟であった。

彼らの話を聞きながら、山のにおいを嗅ぎとろうとする私は、さらに好奇心に煽《あお》られ、ついには、足手まといになって迷惑をかけてしまう無礼を承知のうえで、現場へ同行させてもらうことになる。

現場へ同行した私は、ヨタヨタしながらも強烈な山のにおいを嗅ぎ、話を聞いていた時にはわからなかった〝山人《やまびと》〟の生きざまを、まざまざと見せつけられるのだった。私は、しばしば言葉を失った。山で生きるための厳然とした秩序。それは私の想像をはるかに超えた。山人の内面とでもいうものがあるなら、それは彼らが生来持ち至った厳然とした秩序なのではないか、と私は思ったものである。

優しさと厳しさ、辛辣と寛容、大胆さと繊細さ、彼らは両極端でありながらなぜかそれに違和感を抱かせない〝山の生〟とでもいうべき顔をのぞかせることがあった。そして、そんな生きざまこそが、まさに彼らの秩序を決定しているのであり、まさしくそれこそが〝山のにおい〟ではなかったかと私は思うのである。

山は寡黙であるが、自らが裏切れば、決して許してはくれないのだという〝山の現実〟を彼らの生きざまは鮮明に物語っていた。

一歩山に入ったときの彼らの行動、知恵、推察力、洞察力は言葉を失うほどの的確さがあり、技術や能力といったものではは かれないものを感じさせられた。

木枝の一本、鳥の囀《さえず》り、吹き渡る風の音、雲の流れ、それらのひとつひとつが、山で生きる者の情報源であり、友であった。

野生というには、あまりに繊細で、鋭かった。


山に入るようになって、何度か危険な目にあい、命を落としかけたことがある。だが、いまだに山で生きる人たちへの好奇心は収まらない。

山登りや山歩きが好きだからというのなら、それはそれとして納得できるのだが、私は登山家でも山のエキスパートでもないのだから、山そのものに惹かれるというところがない。

極端ないいかたをすれば、私は〝人〟のいない山には入らない。だから、いくら崖から墜《お》ちようと命を失いかけようと、山に挑戦する気持ちで再アタックするという行為が、私には、ない。

何度か山で墜ちた私は、そのたびに、山で生きる人たちの凄さ、迫力ある生といったようなものを感じさせられるのだった。

山人たちは、ちょっとしたはずみで、とてつもない危険にさらされる難場を、毎日のように歩いている。そして、私の会った誰もが一度や二度の〝危ない思い〟をした経験を持っていた。そんな〝山〟を相手に生きる人たちに、私ははかりしれない〝靭《つよ》さ〟を見ていたように思う。

コンクリートジャングルにいて、いつも感じる底知れない不安とはまったくちがった不安。私は自分が山で生きることになれば、彼らの持つ〝靭さ〟とは反対の〝脆《もろ》さ〟をさらけ出し、不安と闘いながら生きなければならないだろうと思う。

経験や技術の問題ではない。時や体験の積み重ねではどうにもならない壁の重さ。私の山暮らしは、どうしようもない鉄の壁に向かって、どうしようもないことがわかりながら、なお未練がましくその壁に意味のない爪を立てることでしかないのかもしれない。

山を仕事の場として生きる。つまり、山に入ることは、彼らの仕事で必要不可欠の絶対条件なのである。したがって、その山行も当然のことながら、彼らの〝仕事〟に照準が合わせられることになる。だから、彼らが山を観る目は、己れの〝仕事の場〟として山を観る目になっているのである。

彼らの山行での脚は、驚くほど速く、確実である。その脚力には目を瞠《みは》らされるものがあるが、逆に山歩きをノンビリと楽しむといった風情は、ない。いや、山で生きる彼らの〝風情〟の置き方がちがうのである。

山をおりる時、私はいつも辛い。が、残念ながら、山で生きていくための知恵も技術も、生の靭さも、私にはない。

山で仕込んだものを私はしっかりと躰に刻み込んでおりて来て、それをこぼさないように担いでコンクリートジャングルの中に帰っていく。しばらくすると、それが躰のどこかでジクジクと発酵しはじめ、ジワリとこぼれ落ちはじめる。こぼれ出そうとする泡を私はあわてててすくいとり、やがて空白のまま机の上に放り出されていた原稿用紙に向かうことになる。

一字一字、原稿用紙に文字を埋めている時、ふと〝山のにおい〟を強烈に嗅ぐことがある。こういう時には未発酵の場合が多いのだが、時としてはそのナマナマしさがかえってすばらしい効果を生むこともある。

しかし、それがどうであれ、やっぱりコンクリートジャングルの中にいる時の私は、死んでいる……！

山に入るのは〝仕事〟である。だが、山に入っている時の私は、ほとんど〝仕事〟を忘れている。

山で生きる人たちに話を聞いたり現場へ同行したりしながら、無意識のうちにもペンの先にひっかかりそうな言葉のカケラをさがしているのだが、現場での体験はそれを忘れてしまうことがしばしばだった。

私は、山で生きるために必要なことをピタリと嗅ぎわけ、選択していく彼らの能力の鋭さに圧倒され、驚かされるばかりで、肌でその話を聞き、見ることを教えられた。山で生きる人の人生を感じとるには、山を知らなければ描けない、と私は思う。が、山を知っていても、山人たちの人生が描けるかどうか。

山での暮らしがどんなものか、それはやはり言葉では伝わってこない。それを痛烈に感じさせるのは肌であり、山に入った時の彼らの山のにおいである。

彼らが発散する〝山のにおい〟は、私にははかりしれない透明感と茫漠《ぼうばく》さを投げかけ、嗅ぎとろうとする物書きの嗅覚を刺激してくるのだった。

では、なぜ山人を対象とするのか、といわれるとハタと私は立ち止まることしかできないが、こじつけて考えれば、父の口から聞かされた山の話や、父の背に見た山のにおいがコンクリートジャングルで暮らしている今もなお、どこかに居座っているからではないか、と思うのである。

しかし、確実にいえるのは、山に生きる人や海に生きる人を訪ね、それを話にするという暮らしが、どうやら私には合っているのではないか、という思いが、ついつい私を現場に走らせるということである。

山奥で酒を呑みながら、話に耳を傾ける。

夜が更けるとともに、酒精は霧のように発散し、山で生きる人の人生だけが、輝きを帯びてくる。

ポロリと口からこぼれたひと言の呟き。そのとき、私は何かがはじけた音を聞く。その一瞬の輝きが、私にはたまらなかった。

そんな日の酒は、限りなくうまい。


山には、したたかな現実がある。ちょっとした山行きではとても気づかなかった山の変容が、数日いれば目に見えてくることがあるのだ。

山の変容は山で生きる人たちの人生の変容を映し出すものである。彼らは山を相手に生きる人たちであり、そこに彼らの人生もみごとに映し出されるのかもしれない。

イワナのいる渓《たに》、茸《きのこ》の生《は》える山、熊のいる林、どれもこれもが人類よりはるか以前に先住していたものであり、ちょっとした山の景色を形づくるものである。そして、彼らはそんな山の先住者を相手に生きている。それが仕事だからこそ、山の移ろいがより鮮明に感じとれるのではないだろうか。

私などにはちょっとした景観でしかない山の景色も、彼らにとっては見なれた景色以上の、生きるための材料としての重みを持つ。

あまりに重い感動が、ある。

北の山の羆撃ち

行方正美〔北海道〕

日本最強の野生羆を追って三十余年の鉄砲撃ちでも、
山に分け入るときは息苦しいほどの緊張感に襲われるという。

山が、吼《ほ》えていた。

蝦夷颪《えぞおろし》とでも呼びたくなるような雨風が、山の樹木、雑木、クマザサのヤブを舐めるように、吹きすさんでいた。

霧のような糠雨がいちめんに降りしきり、少し歩くだけでも水滴が幕のように躰に張りつく。

山はあまりにも静かだった。静かすぎて不気味でさえあった。

北海道は日本で唯一、羆《ひぐま》が棲む土地である。北海道で羆を〝山オヤジ〟と呼ぶのは、人間が住むより先に、この大地の山に棲んでいた先住者に対する、礼儀の気持ちがこめられているからであろう。

ただ、その羆とて、われわれ人間を歓迎ばかりはしてくれない。山を下り、里に出て、人間が丹精こめて作った農作物を荒らし、家畜を襲い、〝手軽な食事〟にしたり、ちょっとした遊びにしてしまうことがあるのだ。

一九二三年生まれの行方《なめかた》正美は、地元では〝オヤジさん〟と呼ばれる人物だが、もう三十年以上も、人間のテリトリーを侵す羆を獲《と》ってきている鉄砲撃ちである。

「さァ、もう百頭以上になるかナ……」

オヤジさんは短く刈り込んだ頭を、照れくさそうにツルリとなぜながらいうのだった。

私の前を、犬を連れたオヤジさんが、なれた足どりで歩いていく。

私はオヤジさんに遅れまいと、小走りになっていた。いや、遅れまいという気持ちだけではない。いつ、どこから、突然羆が飛び出してきても不思議でない辺りの風景に内心恐怖していたのである。

秋、十月、もうしばらくすると、羆は冬眠に入る。この季節は、長い冬の穴ごもりにそなえて、たっぷりと栄養をつけようと餌をあさる羆が、山野を歩きまわっている。どこかでハチ合わせしてもおかしくないのである。

「この辺りは昔から羆が多くてね。農作物、家畜、それに牧場もあるべさ。羆にとってはたいして棲みよいのさ」

ヤブにひそむ羆に気取られるのを警戒してか、オヤジさんは声を低くしていう。こちらもつられてヒソヒソ声になり、首をすくめ、躰を屈《かが》めるようなかっこうになっていた。

突然、オヤジさんが立ち止まり、

「出たナ！」

と呟いた。

「……！」

オヤジさんが無言で指す前方を見ると、ササヤブが押し倒され、溝のようになった〝道〟が続いている。

「山からおりてきて、この林道へ出てきたのさ。もうちょっと行ってみるべ」

私は恐怖と緊張で震えているのがわかった。怖いもの見たさとは、まさにこんな心境にちがいない。

連れてきていたアイヌ犬のチビも、羆の気配を感じとったのか、首の毛を若干逆立て、時たま、低く唸って牙をむく。

富内線（現、廃線）
戸蔦別山▲1959
日
▲2052
幌尻岳
高
カムイエクウチカウシ山▲1979
山
北海道
ペテガリ岳
1736▲
脈
広尾線（現、廃線）
新冠川
高見湖
静内川
静内ダム
1601▲
神威岳
日高門別
日高本線
新冠
静内
日高東別
235
浦河
様似
広尾
襟裳岬
N
0
15km

ササヤブにつけられた〝羆道〟に入って何かを調べていたオヤジさんが、

「三日前の跡だネ。まだそう遠くには行ってないよ、これでは」

羆が近くにいるかもしれないというのに、あいかわらず鉄砲は担いだまま。触れる気配もなく、平然というのだった。


オヤジさんの家は、数百メートル東側を滔《とう》とうと水をたたえる静内《しずない》川が流れ、すぐ前には国道二三五号線が走るところにある。

オヤジさんは静内川の川面に立っていた。

「いまはもうずいぶん減ったけれど、あのころは静内にも、冬になるとカモがいっぱいいいてネ。散弾を放てば一羽や二羽は必ず獲れたものさ」

とオヤジさん。

現在では、ダムの建設で昔ほどサケの遡上も見られなくなったし、国道も北海道の太平洋側の幹線道路として、ずいぶん交通量が多くなった。

静内はまちがいなく〝都市化〟している。それだけに羆の暮らす場も狭くなってきているわけだが、しかし、今なおオヤジさんの家からちょっと山のほうへ行けば、羆はいる。そして、畑や家畜を襲いに里ちかくにおりてくるのだ。

一九五一年秋。

その日の夕方も、オヤジさんはカモ撃ちに出かけたのである。

ふと、数十メートル先の草ヤブが、ガサリと動いたように思った。連れていた犬を見ると、どうもいつもの様子とちがう。犬は尻尾を曲げて股の間に隠し、しきりにオヤジさんにすりよってくるのだ。

「……?」

草ヤブの中から、ノソリと立ち上がった黒い影を見た時、オヤジさんは「羆だ!」と気づいた。同時に犬がアッという間に逃げていった。

「予想外というか、アテが外れたというか、そうなると犬が人間に頼ってダメさ」

オヤジさんとて当時はまだ羆撃ちの経験がなかったから、どうすればいいかわからない。たまたま散弾銃は持っていたが、それで羆を斃《たお》せるとは思えなかった。

「このままでは羆にやられる!」

そう判断したオヤジさんは、ドッと駈け出して逃げたのだという。まさに危機一髪。ヘタをすればとんでもないことになっていたかもしれない。

近所に、羆撃ちの名人といわれる松原老人が住んでいた。オヤジさんは炉辺話の中で、夕方出会ったことを話してみた。すると松原老人は、

「そりゃ羆だべ。まちがいなく羆さ！」

確信を持って断言するのである。オヤジさんはあらためてゾッとすると同時に、状況が状況なら、羆を仕留められたかもしれない、と残念に思うのだった。

翌日オヤジさんはまた同じ場所に立っていた。が、この日は昨日とちがって、散弾ではなく、念のためライフル銃を持って出かけた。

畑を荒らしているという情報は聞いていたが、自分が遭遇するとは思ってもみなかった。それに、まさか同じ場所に出ようとは、想像さえもしないことだった。

それでも無意識ながら、羆を撃ってやろうという気持ちは働いていたのかもしれない。カンはピタリと的中。同じ場所に出たのである。

「出たッ！」

思うと同時に銃をかまえ、引鉄《ひきがね》を引いていた。距離は四、五十メートル。続けて四発放っていた。現在、オヤジさんが引鉄を引くのは七、八メートルの至近距離。それも羆が確実に襲いかかってくる体勢をとり、スワッというその瞬間に引くのである。

「初めての時は、撃つ方法を教えてもらっているわけじゃないから、二発も多かった。それに距離も遠かったし……そりゃおっかないんだから、しかたないんだけどサ」

オヤジさんの羆撃ちは、すべて三十年以上羆と真剣勝負してきた実戦で体得したものである。

羆撃ちに、〝師匠〟とか〝先生〟はいない。羆撃ちは自分で体験して覚えるものだ、とオヤジさんはいう。

「松原老人とは家も近かったからよく羆撃ちの話はしたものだけど、ハウツーというのかい、あれこれ猟の技術なんかはやらなかったネ……」

つまり運が悪ければ羆に逆襲され、命さえ落としかねない覚悟で羆に立ち向かい、ひとつひとつ自分の躰で覚えていくより方法がない、とオヤジさんはいうのである。

しかも、畑や家畜を荒らし、人間を知っている羆の場合なら、平気でウラをかくやつもいるのだから、ちょっとした油断も許されない。油断すれば、それで一巻の終わりなどということもあるのだ。

鉄砲はたしかに優れた道具であるけれどその鉄砲さえ、何の役にも立たない場合もあるのだ。

羆も真剣だが、オヤジさんも真剣である。

初体験では、一発必中、即死させることはできなかったが、出没したところから少し離れたところに、百四十キロの羆が斃《たお》れていた。

「まァまァの大きさだったけど、オレはこの時、羆を撃つ技術より、犬の大切さを痛感したべさ」

俗に猟師の三種の神器は〝犬、足、鉄砲〟という。犬は猟師の手、足、七感となる。それほどに欠かせないものなのだ。

「いやァ、オレも何度犬に助けられたかね。犬に足向けて寝られないのさ」

羆に襲われ危機一髪のところを、何度か犬に救われたのだというのである。恐ろしい話をしながら、オヤジさんは柔らかい微笑をこぼすのだった。

犬を愛してやまない光が、目に漂っていた。


猟獣犬審査員。つまり猟犬としての力を見極めるのである。オヤジさんもこの大役を引き受けているのだが、しかしそれは決して外見のいいアイヌ犬を選ぶという目的ではない。少なくとも、オヤジさんは猟犬としての能力を持った犬を後世に伝えていこうという気で、この大役を担っているのである。

「そりゃ、見栄えのいい犬もいるさ。けどオレはいうの。鑑賞するだけのために、見てくれのいい犬ばかりつくっていたら、羆犬《くまいぬ》としての持ち味を失っちゃうぞ、と」

アイヌ犬は羆と対等に闘える猟犬である。孤独で激烈な血ではあるが、この闘争本能こそ、アイヌ犬が何世代にもわたって受け継いできた血。この能力を発揮する時が、アイヌ犬が限りなく光り輝く時である。

そんなアイヌ犬にも、三つのタイプがあるという。

ひとつは先天的に猟犬の素質を持った犬。もうひとつは訓練すれば眠っていた猟犬本能に目ざめる犬。そして、どうやってもダメな犬。

「いちばんダメなのは人をかむ犬さ。こういうのは臆病なんだ。おっかないからかんでくるのさ」

逆に血統として羆犬の血がまったくなく、羆獲りをまったく知らない犬でも、山に連れていけば、ダッと羆に襲いかかる犬もいるという。

オヤジさんの持っている犬に共通しているのは、山に連れていけば大喜びするということである。私がオヤジさんについて山に入った日、連れていったのは〝チビ〟という三歳のアイヌ犬だったが、オヤジさんが山に入る服装になった途端、連れていけと大騒ぎを始めたのだ。それまでは、オヤジさんの家の玄関脇にあるオリの中で羆を番するようにおとなしくしていたのである。しかも、家の裏の小屋にいて、オヤジさんの姿は見えないはずなのに、ほかの犬たちも気配を察した途端に大騒ぎ。吠える。鎖を引っ張る。戸を叩く。ねだるように遠吠えする。

「山に行きたがってるのさ」

いいながらオヤジさんはチビの鎖を解く。チビはなれたもので、ドアを開けた私の四輪駆動車のうしろに、ポンととび乗ってきた。

感心するほどおとなしく、行儀がいい。何を考えているのか、降り続ける雨の窓外にボンヤリ目をむけて座っている。国道から市道、市道から林道へと、しだいに山に入るにしたがって、チビは、時たま様子をうかがうように高鼻をかぎ、時おり、オヤジさんのほうをチラリと見る。私もオヤジさんの仲間と思ったのかどうかはわからないが、唸り声どころか少しの警戒心も見せない。

「チビ、しっかりたのむヨ!」

声をかけると、チラと一瞥《いちべつ》し、ホンの愛想ていどに尻尾を振っただけだった。

ところが山についた途端、チビの様子がガラリと変わった。

細く狭く、急峻で凸凹の続く林道をたどり途中のカギのかかったゲートの前で、車をおりることにした。エンジンを停めると同時にチビは早くおろせといわんばかりに、ドアを前足で押しはじめたのである。ドアを開けるとポンととびおり、もう先へ行こうとする。

「うれしいのさ」

オヤジさんがチビに引っ張られながら、笑っている。私はチビの勇みようを見て、

これは羆がいるのではないか、と一瞬恐怖を憶えていた。私はたまらなくなり、

「いるんじゃないですか？　羆が」

ふというと、

「いやァ、いたらこんなものじゃないさ」

とオヤジさん。チビはスッと腰を落とし、戦闘前の御叱呼をしていた。

薄暗い林道を、さながら散歩でもするようにチンタラ歩いていたチビが、突然、耳をピンと立て、身がまえた。

チビは素早くクサヤブの中に鼻を突っこみ、においを嗅いでいる。それは様子をうかがうといったふうではなく、あきらかに何かの異状を嗅ぎとったのがわかる。ギッと牙をむき出し、肩から背にかけての毛を逆立て、満身に警戒と緊張の色があふれている……！

ついに、と私は思った。無意識のうちに身ぶるいし、ヒザがガタガタとふるえた。

羆道に入ったオヤジさんが、出没間もない羆の足跡を見つけたのは、そのすぐあとのことであった。

夏の羆はやはり恐ろしいという。

普通、熊や鹿などの大型獣の猟期は秋から冬にかけてである。けれども、羆にかぎり、猟期外の三月十五日から九月三十日まで、農作物を荒らしたり、山仕事の人を襲ったり、家畜を襲ったりする羆を〝退治〟するため羆撃ちに出ることがある。

雪のないこの季節は、羆もパッチリと目をさましているし、体力も充分につけているので、それだけでも危険は大きい。猟になれたベテランでもやはり危険が大きいことにかわりはなく、恐ろしいのである。特に、六月、七月となると発情期。羆はいつになく殺気だち、想像を絶する力を出してくるのである。

いわゆる〝有害駆除〟を目的とするわけだが、羆の場合、他の獣とちがって、襲われれば命をも落としかねないというところに凄さがある。

事実、山菜摘みの人や登山者が羆に襲われるというのは毎年のようにおこっているし、ケガだけですめばまだしも、落命事故も現実にあるのだ。

一九七〇年七月二十六日、日高山系を縦走中の福岡大ワンゲル部の一行が、カムイエクウチカウシ山で羆に襲われた〝事件〟は、羆害の中ではあまりに知られた話である。

しかし、これほどの大事ではなくとも、毎年、数件の〝羆による事故〟がおこっているのだ。

「羆をさける方法、ないんですかネ……」

私はオヤジさんに聞いてみた。オヤジさんは、即座に、

「ない。これといった決め手はないのサ」

という。笛を吹く、鈴を鳴らす。焚き火をたく、ラジオをかける、大声を出す……どれもがコレ！　といった決め手にはならない、とオヤジさんはいうのである。

いや、それどころか、羆によっては、そんなことをすると、かえって興味を持って近づいてくることもあるのだ。

「マ、羆と絶対に会いたくないのなら、山に入んないことさ。羆は山に棲んでいるんだから」

オヤジさんはそういって笑うのだった。

羆が出たという知らせをオヤジさんが受けたのは、そんな季節だった。

東別《とうべつ》山の造林作業現場に羆が出没し、危険で作業ができないというのだ。その現場は車で約四十分ほどかかる山のなかであった。林道をつける工事をやっていたのだが、数日前から羆がしきりに現場に出るというのだ。

その日、オヤジさんは二歳になるアイヌ犬のオオキとチビを連れ、夜明けとともに現場に向かった。

午前六時過ぎ、現場に着いたオヤジさんは車をおり、道につけられた羆の足跡を調べてみた。新しくつけられた林道の土色の地肌の上に、まだついて間のない羆の足跡があった。羆にすれば大きいほうではないが、百キロは超えていると思われる足跡だった。いるぞ、と思ってオヤジさんは気を張りつめた。

車のドアを開けると、チビとオオキが勢いよくとび出し、もう羆のにおいを嗅ぎとったのか、殺気だって低い唸り声を発している。二頭の犬は、オヤジさんの持った紐をグイグイと引っ張って歩いていった。が、数十メートル先の道路工事の機械が置いてある所で、ふいに立ち止まり、高鼻を嗅ぎはじめた。鼻を空に向け、しきりにクンクンとにおいを嗅いでいるのである。背中の毛が総毛立ち、あきらかに緊張と興奮のなかにいるのがわかった。

オヤジさんが犬の紐を解くと、チビとオオキがいっせいにとび出し、吠えた。と同時に機械の陰から、犬の声に呼応したように黒い塊りが躍り出たのである。

「羆だ！」

オヤジさんはとっさに、肩に担いでいた銃をとってかまえた。頬に触れる銃床がひやりと冷たかった。

羆は両手を広げて二本足で立ち上がり、犬を叩こうとした。開けた口が真っ赤だった。全身総毛立ち、耳をビリビリと神経質に動かして威嚇《いかく》する。顔は総毛立った毛のふくらみでいやに大きく見えた。

十メートル、九メートル……羆との距離が七メートルになった時だった。羆は一瞬、伏せるようなかっこうを見せ、オヤジさんにとびかかろうとした。オヤジさんはその瞬間を逃さなかった。人さし指に力を入れ、引鉄を引く。閃光と轟音。硝煙のにおいが鼻をついた。羆の肩のあたりから血しぶきが飛散する。オヤジさんの放った二発目の銃弾は、羆の顳顬《こめかみ》を射抜き、同時に羆は地面に巨体を沈ませた。銃の筒先から青い煙が漂い、あとは静寂。

少しばかり開けた口から、ドロリと舌を出し、羆は絶命していた。百三十キロ。中型の羆を仕留めたのである。

羆撃ちは一瞬の時が勝負である。弾が急所を少しでも外れると、ひとたまりもなく襲われる。

「まだ外れたことはないけど、かすったりして手負いにするとドットくるのさ」

おっかないものだヨ、とオヤジさんはいうのである。だから、いかに名人とはいえ、羆と対する時は、やはり緊張する。

それもちょっとやそっとの緊張ではなく、過度の緊張である。普通の人間なら思わず失禁してしまうほどの恐怖感……。

「私、四十九年（昭和）に狭心症で倒れたのさ。羆を撃つ時に緊張するべさ。それで心臓にもたいした負担がかかるからじゃないかと思うんだ」

丸一年、山に入らなかった。復帰してもしばらくはいざという時、心臓に故障が出るのではと怖かったという。

「まったく羆というやつは、どこから出るかわからないからネ」

とオヤジさんはいう。

たとえば、あれほどのササヤブを歩く時でも、カサリとも音を立てない。すぐうしろを羆が歩いていて気づかなかったこともある。それは山という場を熟知した先住者《ヒグマ》の知恵だ。

ある年の春、オヤジさんが羆を仕留めて山をおりてくると、途中で山菜採りの人に出会った。

「おじさん、何持ってるの？」

山菜氏が聞く。

「羆さ。悪さした羆を獲ったのさ」

「いるの?!　羆が!!」

いった途端、山菜氏は恐怖に顔を強ばらせて逃げていった。

「そりゃ羆はおっかないよ。鉄砲持たないで山に入るなんて、おっかなくてできないさ」

賢さ、狡猾さ、獰猛《どうもう》さ、凶暴さ、それがわかったというのである。たぶんそれは、わが家の近隣に羆がノウノウと出没するところに住む者にしかわからない恐怖であり、対抗心であろう。

「とにかく羆に関しては逃れる方法はないよ。いろいろいわれてるけど、ひとつとして的を射たものはないのさ」

たとえば死んだマネをすればいいという〝伝説〟がある。ところが、山に入ったオヤジさんの友人は羆に出くわし、死んだマネをしたが、太腿《ふともも》を喰いちぎられてしまった。

「ひとつだけいえるのは、羆も人間が怖いということだね。だからジッと目をにらみつけてやれば、だいたいの羆は逃げていくさ」

総毛立つ顔、ゾッとする殺気、真っ赤な口、腹の底をえぐるような咆哮、寸分の逃げ場もない恐怖に耐え、ただひたすらにらめっこをすればいい。オヤジさんは何でもないヨという顔でそういうのである。これはなみたいていの度胸でできることではない。しかもそれは百パーセント確実な方法ではないのだ。手負いや突然の鉢合わせ、仔連れ羆にはなんのききめもないのである。

「マ、そうなれば運が悪いんだね！」

「……‼」

山を歩く時は、ひたすら羆のテリトリーを侵さず、謙虚に歩くしかなさそうである。まったく羆というやつは賢い動物である。羆撃ち経験の長いオヤジさんですら、ふと、人間ではないかと思ったことが何度もある。

たとえばササヤブの中の立木の陰に隠れ、顔だけをのぞかせて様子をさぐっている。ちょっと見には人間そっくりである。

またある羆は、風倒木の向こう側に腹這いになって身を隠している。こちらからはまったく見えないから、木を越えた途端、羆の必殺パンチが襲いかかることになる。人間の先の行動を読むのだから始末におえないのである。

引鉄を引くタイミングがちょっとでも遅れようものなら、ドッと摑みかかり、銃身をグニャリと折り曲げてしまう。

こんなやつと対するのだから、さぞや射撃の腕は人一倍優れていることが要求され

るのかと思ったら、

「もちろんヘタならダメだけどさ。でも競技としての射撃と実猟とはちがうね。実猟ではいかに早く頬づけやれるか、で決まるから」

という。

羆撃ちは、斃せるかどうかが数秒間で決まってしまう。慎重に的を狙うなどという余裕はまったくないのである。

いつだったか、オヤジさんは遠くからでも正確に狙えるだろうと考えて、望遠鏡《スコープ》をつけたことがある。ところがスコープの照準が狂っていたことに気がついた。当然、羆は待ってくれない。オヤジさんはスコープに頼るのを諦め、いつものとおり、経験とカンで引鉄を引いたのである。

またある時、銃の照星と照門がズレていた。照星とは銃の筒先についている目印で、照門とは手もとについている目印である。羆と照門が、一直線になった時、引鉄を引くのだが、羆撃ちは、これを一瞬のうちにやってしまわなければならないのである。

「さァ、ほんとに狙って撃ってるのか、どうかねえ。オレにもわからないなあ」

当然のことながら、あてずっぽうに撃つわけではない。

オヤジさんはちょっと考えてから、

「やっぱり、カンで撃ってるのさ」

といった。猟師のカン、いや、それは、羆撃ちだけがもつ独特のカンといってもいいかもしれない。

雨降る山中を、私はオヤジさんの後をついて歩きながら、オヤジさんの背中がこのうえなくたのもしく見えたものであった。

ゴーゴーと蝦夷颪の糠雨が吹きすさび、山はいっこうに静まる気配がなかった。鬱蒼としたヤブの中には、ひっそりと私を見ている羆の気配、私は絶えずビクビクしながら山路を下る。

風の音を聞きながら、私は突然、これは〝羆颪《くまおろし》〟とでもいうのではないか、そんな思いにかられたのだった。

山に風が吹く。オヤジが、棲む……。

〈文庫版付記〉

行方のオヤジさんは二〇〇五年に逝去された。

北涯《きた》の森の探究師

青井俊樹〔北海道〕

地吹雪が舞い、またたく間に視界がとだえる。

そんな北の涯で、自然から生命の尊厳を教えられ、森の声に耳をかたむける。


天塩《てしお》は北の涯《はて》である。

日高山脈から北海道中央部を抜けて続く天北山地の山塊は、なだらかな主稜線で連なり、辺りは神秘のヴェールで包まれたような、北国の風景をみせている。

そんな北の涯に、南北二十五キロ、東西十キロ、面積が二百二十平方キロの広大な森林がある。天塩川の支流、問寒別《といかんべつ》川に沿い、馬蹄形に広がる「北海道大学農学部附属天塩地方演習林」である。森林の中央部には、北緯四十五度線が通っているから、日本最北の森林地帯だ。

「ここが大学演習林になったのは、たしか明治四十五年。ぼくら〝クマ研〟がこの演習林で羆《ひぐま》の調査を始めたのは、昭和五十年だったんですよ」

現在、北大天塩地方演習林助手をしている青井俊樹が教えてくれる。

北大のヒグマ研究グループ、通称クマ研が発足したのは一九七〇年。当初は、ひと目でも羆を見てみたいと素朴な思いを抱いた学生や大学院生たちが集まってできたサークルだったが、通年調査の可能性や、羆の棲息数の多さなどから、この森林をベースとして本格的な調査を開始した。

青井は一九五〇年、広島県の生まれ。高校時代は福井県で過ごしたが、〝大地〟に憧れて北大に進学したという人物だ。

「それに、もうひとつは羆。とにかく北海道に来たんだから、北海道にしかいなくて日本最大の野生動物の羆とつきあってみるのもおもしろいんじゃないか、と。それに、羆はいまだに知られざる部分が多いっていうのも、興味があったし……」

と青井。

だが、卒業後も青井がこの北の涯の森林に居ついているのは、それだけではなく、気候や風景はもとより、独特な大自然が生き続けているからでもある。

冬。雪国の冬を何度も経験していた青井でも、天塩の冬は強烈だった。

この辺りの年平均気温が五・二度。毎冬一度はマイナス三十度になるし、真夏でも

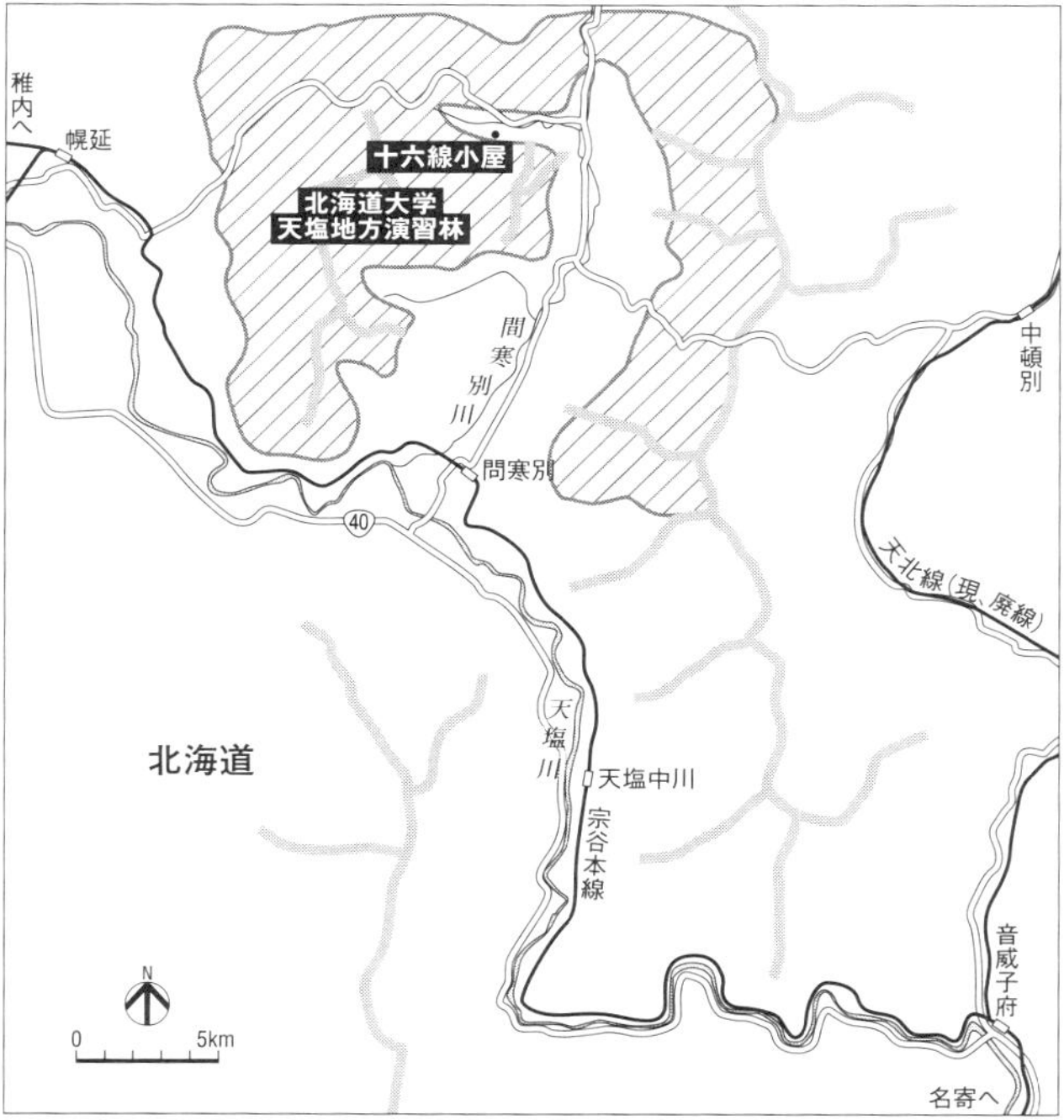

稚内へ
幌延
十六線小屋
北海道大学
天塩地方演習林
問寒別川
問寒別
40
中頓別
天北線(現、廃線)
北海道
天塩川
天塩中川
宗谷本線
音威子府
名寄へ
N
0
5km

ストーブをたくことは稀ではない。

「ぼくはマイナス三十五度を、十六線小屋で体験したことがありますよ。そりゃもう寒いとかなんとかいってる段階じゃないですよ」

まさに想像を絶する厳寒の地なのだ。

青井が驚いたのは、天塩の地吹雪である。ゴーゴーと腹の底に響く寒風が、大地の唸り声のように地を這って襲いかかる。降り積もり、凍った雪は、寒風の勢いを得た雪粉となり、宙に舞いあがる。雪粉はみるみるうちに膨大な幕となり、視界を遮断してしまうのである。そうなるともう視界はほとんどゼロ。一メートル先も見えないから、車はもちろん、歩行さえままならなくなってしまうのだ。

「福井や札幌でも吹雪は何度も見てたけど、こんな凄い地吹雪があるのを知ったのは、天塩に来てから。そりゃもう〝白い悪魔〟っていえばいいのか、生きてるみたいなんですよ」

青井はしかし、その大自然の試練をも楽しんでいるように話すのだった。

そんなに厳しい自然環境ではあるが、時にはふとほっとするような顔をみせてくれることもある。

たとえば、金剛石の屑《ダイヤモンド・ダスト》だ。この現象はカラリと晴れあがった日の夜明けによく見られる。放射冷却で気温が下がると、空気中の水蒸気が昇華して氷の結晶となり、それが天から降ってくるのである。

ダイヤモンド・ダストが朝日にキラキラ輝くさまは、一瞬、おとぎの国にいるのではないかと錯覚しそうなほど美しく、大自然の限りない造形の美を感じさせるのだ。


一九七五年五月。

青井が北大天塩地方演習林に初めてジープで乗り入れたのは、まだ雪どけ間もないころだった。

標高は四十から三百メートルほどの低山帯でありながら、深々とした森林にはまだ目に眩しいほどの雪が残っている。密生した樹林をさくように延びる林道は、泥炭地特有の黒っぽい濃茶色で、雪どけのぬかるみだった。

ジープを止め、降りるか降りないかのうちに、青井たちクマ研のメンバーは、息をのんだ。すぐそばに、まだ出没間もないと思われる羆の足跡がついていたのである。その足跡は、まるで侵入者を拒絶するようにデンと誇らしげについていた。

青井は驚くと同時に、羆に初めて対面できるかもしれないという期待に胸をときめかせた。

「そりゃ、最初は怖かったですよ。けれど、調査するにしたがって、羆は好戦的で獰《どう》猛《もう》、人を見たらすぐに襲ってくる動物じゃないってことがわかった。今じゃ、ハブや人間のほうが怖いぐらいです」

そういって、青井は笑った。

ところで、演習林内の沢は、青井たちが調査をするのに貴重な調査ポイントなのだが、これがたいへんな難関。親指ほどの太さもあるチシマザサが地という地を埋めつくし、厚いヤブの壁に阻まれているからである。

チシマザサは約三メートル、背を埋めるほどの高さで密生し、根を張って伸びている。だから遡行はひたすらブッシュとの闘いを強いられるのである。

「この森林は低山帯ですから、笹藪《ブッシュ》さえなければ、それこそ快適なワンデイ・ハイクなんかにはもってこいなんでしょうがネ……」

と青井。山歩き、山登りというには、あまりにもブッシュがきつすぎ、頑として人間を寄せつけないようにさえ思えるのである。

森林の中には、「無名沢《むみょうざわ》」や「要三沢《ようぞうざわ》」など、名にし負う〝難所〟も多いが、一方ではこんな厚いブッシュが動物たちの安全な隠れ場所にもなっているのである。

「ここにもハンターが来ますが、雪によってササが隠れているとき以外は、めったに羆は撃たれないんですよ」

と青井が説明する。

私は、羆の捕獲檻が仕掛けてあるという、福井ノ沢に連れていってもらうことにした。

福井ノ沢は、クマ研の基地である「十六線小屋」からほど近くにある沢だが、林道から一歩外れるだけで、樹木とササの密生。まるでトンネルを歩くような気分だった。青井はトットッと慣れた足どりでヤブのなかの道を歩いていったが、突然、傍らを埋めつくしたササヤブの壁に取り付き、ガサリと突入した。

「……?!」

ア然としながらも遅れまいとして私は後を追う。が、見た目にはしなやかに思えたササも意外に腰が強く、ピシリッと顔、手、足、尻を容赦なく鞭《むち》打ってくる。

水の流れが聞こえたと思ったところで、青井が立ちどまった。

「ここですよ。ホラ、あれが檻です」

青井の指さした前方を見ると、小豆色の、大型冷蔵庫を横にしたぐらいの大きさの鉄の檻があった。檻の中には餌をかけた鉤があり、これを引くと同時にバタリと入口のフタが上から落ちて閉まるようになっている。

「まだ入った様子はないですけど、この辺りはよく出没するんですよ」

青井にいわれ、私は思わずドキリとして辺りを見回していた。

ところで、私が連れていってもらった福井ノ沢もそうだが、演習林の中にある沢は、ほとんどが例外なく急激に蛇行している。その蛇行のしかたは異状なほどで、ほとんど円に近いほど湾曲し、曲がりくねっているのである。

森の中をクネクネと蛇行して流れる沢は、異状な湾曲のために、上流と下流のある部分が隣接する所もある。

「この異状な湾曲がクセものでネ。沢を遡行して、上流に向かっていたはずなのに、ふと気がつくと下降しているんですね。慣れるまでは道に迷ったんじゃないかと不安になりますよ」

そんなふうだから、何時間も遡行を続けたにもかかわらず、グルリと円を描くようなかっこうで歩くことになる。だから、たどり着いてみれば、さっきの場所とほとんど同じ所にいた、なんていうこともあるのだ。ブッシュのいたずらとでもいえばいいのか、ササヤブの壁で先が見通せないから、こんな話も生まれるのである。

「それに、水がくさい」

ふと、青井が、そのにおいを思い出したように顔をしかめていう。

この辺りは泥炭地のせいか、本流の問寒別川をはじめ、どの沢の水も赤茶色に濁っている。

余談だが、十六線小屋で私が入れてもらった風呂の水も赤茶色だった。私は珍らしいもの見たさに、喜々として風呂に入り、プンと泥土のにおいをかぎながら、温泉気分で心地よくいただいたのだけれど……。

ちなみに、問寒別とは、アイヌ語で〝泥の多い川〟という意味なのだそうである。

この川水の色を見ただけで、それはなるほどと納得できるのである。

「水のにおいもすごいでしょう。澱《よど》みなんかはまるで水が腐ってるみたいでネ。川も曲がっているけど鼻も曲がりそう。しかも、夏なんか歩いていると、アッという間にブヨの大群がとりついて、顔の周りが真っ黒になってしまうんです」

まさに難行苦行、好きでなければやっていられないのだ、とでもいう口ぶりで青井がその凄惨さを話すのである。

ただ、遡行の沢としては、これほどまでに悪意をムキ出しにする沢も、罠の調査のためには、かっこうの材料を提供してくれる。

沢は水量も水流も穏やかであるため、砂泥が堆積する。急激な蛇行の産物ともいえるこの砂泥の上には、羆の足跡がハンでも押したように、ハッキリと残されるのである。

「泣く子も黙るような所ばかりだけど、これだけは大自然の最高の贈り物ですよ」

そういって、青井が目を和らげた。

鬱蒼とした演習林の林の中に、どう見てもどこかの土木工事現場の飯場にしか見えないプレハブ建ての小屋がある。この小屋、十六線小屋といって、クマ研の基地となっている建物である。青井が演習林に〝居つく〟ときも、ここが居場所になっている。

現在では演習林助手としての仕事もあるし家庭もある身の上だから、そうそう森にこもってばかりはいられないが、それにしてもいまなお連続四十日ぐらい、ここに〝居つく〟ことも稀ではない。

羆の調査もあるが、演習林助手としての青井の仕事もけっこう忙しいのだ。

「たとえば造林や伐採。それに林道の設置もあるし、まあいえば〝山造り〟ですネ」

と青井はいったが、私はなにやら妙だ、と思った。造林と伐採とは両極端ではないか。にもかかわらず、どちらも山造りなのだというのが私には奇妙な話に思えたのだ。

素朴な疑問を投げかけてみると、青井はナァンダという顔をし、説明してくれた。

演習林にはアカエゾマツの広大な林がある一方で、明治の開拓時代からの火入れなどが原因した山火事跡が点在する。それは約五千ヘクタールもの広大なもので、いまなお樹木がほとんど生《は》えず、チシマザサのササ野原になっている。

「ササが生《お》いしげると木が生えないんです。そこでササを伐ったり、根をかきおこしたりして、木の芽が出るように〝造林〟するんですよ。もうひとつの伐採については、演習林の歴史的な経緯でネ」

と青井。つまり、演習林は取得された当時から、北大の財産林としての性格が強く、一定の収入をあげるために伐採が続けられてきたというのである。

「もっとも、それも昔のことで、現在は教育研究を目的とした山、という性格が強くなっているんですけどネ」

と青井がつけ加えた。

そんな仕事のほかに、青井は、道北のどこかで羆が獲《と》れたとの情報を得ると、とんでいってその熊の年齢を調べる。夜中であろうとメシを喰っていようと、オチオチしていて解体でもされればそれでパーになるから、とるものもとりあえず車をとばして〝現場〟へ向かうのである。

「たとえばネ、熊の年齢を調べるんです。熊は二歳ぐらいからキバに〝年輪〟ができるんですが、これを年齢の目安にするわけです。この方法が発見されるまでは、ほとんど推定年齢だったんですよ」

年齢もそうだが、体重の場合も推定であることが多い、と青井はいう。新聞などで、四百キロもの巨大熊が獲れたなどの記事が載ることがあるが、あんなのはほとんどが推定。羆の体重は百キロから二百キロというのが普通で、それを超えるのは稀なのだそうである。

「獲った人の心情とか思い入れが過大評価をするんです。気持ちはわかるけど、真実ではない」

事実は、時に残酷なのだ。

春。雪がとけた直後の森が好きだ、と青井はいう。

その気持ちのなかには、青井が初めてこの演習林に踏み入り、新鮮な光景に触れたあの日の鮮烈の記憶が残っているのかもしれない。

「この山、山菜の宝庫なんですよ」

ふと思い出したように、青井が呟いた。

キトピロ（北海道のギョウジャニンニク）、ニワトコの芽、チシマザサの姫タケノコ、ウド、タラの芽、フキノトウ、山ブドウ、それにシイタケや春楡《はるにれ》の木に出るタモキノコ……ところどころに残雪を残しながらも、黒い土の上に芽ぶいた山菜を摘んで歩くのも、また楽しいものなのだ。こういう季節には、毎日の食卓は山菜だけでも豊富で豪華な食卓になるのである。

ほんとにうまいんだぞ、という表情で青井はいうのだったが、私はなぜか不思議な気がしていた。

あの真っ黒な泥炭地、それは見るからに不毛の〝悪の地〟を思わせる土の色なのだから、そんな所にこれほど豊富な山菜が出るというのが信じられなかったのである。

私がそんな話を呟くと、

「そう、たしかに、泥炭地ですからネ」

と青井がうなずいた。そして、ここがこれほどの深い森でありながら、なおまちがいなく泥炭地であるというのを改めて思い知らされた話を青井が教えてくれる。

いつだったか、調査のために沢を歩いていると、とても持ち上げられそうにないほどデカくて真っ黒な石が、ゴロリと落ちていた。見るとなんと、それは石炭なのである。

「それだけじゃないんです。地層が露出した斜面に黒ぐろとした石炭層が入っていたりしてネ。もっとも、いまでは慣れっこになって蹴とばして歩いてますけどネ」

そういって、おもしろそうに笑った。

そんな森なのだが、時には〝奇妙な訪問者〟が現われることもある。

ある日、青井が十六線小屋の二階で本を読んでいたときのこと、トントンと階段を上がる足音がした。ふり向くと、上がり框《かまち》に見知らぬ中年の男がつっ立っていた。ところが、その男は青井と目が合った途端、何やらワケのわからないことをペチャクチャ話し始めるではないか！　どうも様子が普通ではないので、青井はとっさに男が羆に追われたのではないか、と思った。それに呂律《ろれつ》も回っていないから、酔っぱらいか、とも考えた。が、どうもそうではないようだ。

青井は本能的に身構えた。えらいことになった、とも思った。だが、男は何を思ったのか、急にしゃべるのをやめると、来たときと同じようにスタスタと階段を下りていったのである。

拍子抜けだった。緊張した躰がガックリと陥ち、ヒザがガクガクふるえた。

「すぐ外をのぞいたけど、男の姿はどこへ行ったのかもう見えなくてネ。神出鬼没っていうか、人間は羆の行動よりわからない。不気味で、やっぱり羆より人間や火事のほうが怖いって、ここにいれば思いますヨ」

当時の不気味さをまた思い出したように、青井が苦笑した。

十六線小屋の居間の壁に、一頭の羆の毛皮が掛けてある。

私がボンヤリとそっちのほうに目をむけていると、

「ああ、これネ、七七年に獲って、七八年に発信機をつけて追跡調査した羆なんですけど、死んじゃったんですよ」

青井がいった。

「発信機を？　どうやってつけるんです？」

私が聞くと、

「突きやりで突いて、麻酔をかけるんです。で、発信機のついた首輪をかけて、再び放すわけでネ。これを受信機で追跡すると羆の行動範囲がわかります」

受信機があるという二階へ行ってみると、部屋には、私には使用目的の見当もつかないさまざまな計器や薬品、文献などが雑然と置いてあった。

「これが発信機ですヨ」

いって青井が見せてくれたのは、大きな犬の首輪に、弁当箱をくっつけたようなものだった。私はこれをつけた羆の姿をふと想像し、それがなにやらマンガの〝クマのプーさん〟が風呂敷包みの荷を背負った姿だったものだから、一人でニヤリと笑った。

羆はいろいろな〝顔〟を持つ。

夜、二階の大部屋で寝袋にくるまって寝ていると、ミシッと〝十六線小屋の幽霊〟の音がする。昼夜の気温差のために、建材が軋《きし》んでミシリと音がするのである。

そんな音だとわかっていても慣れない者にはやはり不気味で、少なからず恐怖心をそそる。

恐る恐る首を伸ばすと、ヒヤリと頬に冷たい空気が触れ、最北の森の中で寝ているのだということを改めて知る。

「こんな所でも慣れちゃえば不自由もなくてネ。ぼくは町にいるより、山のほうが好きだし……けど、医者と本屋がないのは困りものでネ」

そういって青井がフッフッと笑った。

最北の森の秋は驚くほど短い。夏の終わりはすでに秋の訪れであり、十月の半ばには初雪を見る。一度雪が降ればもう冬。長い長い冬になるのである。羆は穴に入り、森は深い雪の下に埋もれる。もうすぐそんな季節なのだ……私が思っていると、

「羆とつきあってるとネ、生命の尊厳と研究の謙虚さを教えられるような気がしてく

るんですよ」
青井がつぶやいた。
私はその言葉を心の中で反復し、眠りに陥ちた。
夢の中で、最北の森の声を、聞いた。

〈文庫版付記〉
青井さんはその後、北海道大学から岩手大学へ移り、現在は岩手大学農学部共生環境課程教授をされている。農学博士。

阿仁のマタギ

松橋時幸〔秋田〕

秋田県北部に住む狩猟民族マタギ。彼らは今も、
シカリを中心に伝統を守り、厳しい掟と秩序の中に生きていた。

雪であった。

山に降り積もった真っ白の雪のせいで、遠くに見える山塊が、大きな雪の塊りのように見えた。

この山の中に、熊がいる、と私は期待に胸をふくらませながら車を走らせていた。

秋田。その名を聞くたびに、私の頭に浮かんでくるのは〝マタギ〟だった。

狩猟解禁を待つように、雪の降りしきるある日、私は秋田に向かっていた。

秋田県の北部、阿仁《あに》地方は、伝統の狩猟民族〝マタギ〟の住む村である。

このあたりは森吉山（一四五四メートル）をはじめ、白子森、大仏岳、番鳥森など

千メートル級の山塊に囲まれ、約九十六パーセントが山林である。冬は雪で農作業ができない。

だが、森や山はいくら雪に閉ざされようと野生動物の宝庫、彼らにとって、狩猟は冬の仕事に欠かせないものだったのである。

マタギは秋田だけでなく、青森、岩手、それに新潟と山形の一部の山村にも住んでいた。が、時代の波は容赦なくこれらの山村に入りこみ、現在ではマタギの習俗が残るところは数えるほどでしかない。

その理由はさまざまだが、まずいえるのは昭和の初期あたりから、外国産の安い毛皮が大量に輸入されるようになるとともに食肉価格の低下、食生活の変化などのため、狩猟が仕事として成り立たなくなったためである。

とはいうものの、マタギが完全に姿を消してしまったわけではない。

現在、阿仁地方のマタギは約百二十名、そのうち、私が訪ねた比立内《ひたちない》には、マタギ十四代目を継ぐ松橋時幸のほか、四、五名のマタギがいる。松橋は一九三四年生まれ。数少なくなったマタギの血を引く人物である。

大型獣の狩猟解禁は十一月十五日から二月いっぱいごろまで。

この間、マタギたちは農業、林業など里での仕事を投げ出して雪深い山に熊を追う。

昔から〝マタギの村〟といわれる阿仁あたりの山に棲息する熊は約五十頭前後と推測される。

熊を追う彼らの山での動きは鬼をまたぐほど速いことから〝又鬼〟とも書く。

松橋シカリは、長ぐつがすっぽりと埋まるほどの積雪がある尾根に立ち、双眼鏡をのぞいていた。

背に、横顔に、一瞬の動きをも見逃がさない鋭い緊張感があった。言葉はひと言も吐かない。息をする音も聞こえない。私はシカリの背を見ながら、今、シカリは何を考えているのだろうかと思ったが、あまりにも茫洋としていて図り知れなかった。深淵であった。

「熊の姿をさがすこともあるけど、木をさがしてるのサ。コクワの実なんかは熊の好物だからネ。喰ったあとがあるか、どうか。喰ったあとが新しければ、まちがいなくそばにいるものなのサ」

姿を追うだけではない。シカリは熊の行動をつかみ、ちょっとした痕跡でも情報としてとり入れ、狩猟の判断材料にするのである。

コトリとした音でも、気が抜けない。

もちろん、熊とて厳しい山の中で生きているのだから、おとなしくばかりはしてい

鷹ノ巣へ
阿仁合
阿仁合線
（現、秋田内陸縦貫鉄道）
森吉山
1454
0
3km
N
阿仁川
比立内
打当温泉
105
比立内川
秋田県
阿仁町
（現、北秋田市）
（当時建設中）
宝仙湖
大仏岳
1167
番鳥森
1030
角館へ

ない。

「私だって何年か前に、百二十キロぐらいの仔持ち熊に逆襲されたことがあるよ。カラミナイっていう沢だったけど、あれはもうダメかと思った。滝ツボにとびこんで、かえって命びろいしたんだけどネ」

松橋シカリはゾッとするような話を、さも幼《おさ》な日《び》の思い出話をするかのような笑顔で話すのだった。

命中して、ドタリと斃《たお》れている熊でも最後の力をふりしぼって、喰いついてくることがある。

「撃った瞬間、命中すれば、オァーンという〝サジドリ声〟をあげるんだけど、それで斜面をドーッとすべり落ちていく。たいていはそれで終わりだ」

サジドリ声は、マタギにとって、獲《と》れたかどうかの〝手ごたえ〟なのである。

マタギは何よりも山を神聖視する。彼らの生活圏が〝山〟であるだけに、山を畏敬する気持ちは図り知れないほど深いのである。

そんなこともあって、マタギは獲物を山神《さんじん》が授けたものと考え、必要以上の乱獲はせず、日常の暮らしはもちろん、山に入った時にも厳しい掟を守ってきたのだ。つまりそれは職業猟師としての矜持心の表われであり、狩猟集団としての秩序を保つための方法でもあったわけである。

秩序といえば、彼らの狩猟には厳然とした役割分担がある。

集団を統率するリーダーを「シカリ」と呼び、鉄砲の撃ち手を「ブッパ」、獲物を追いあげる役を「勢子《せこ》」、それに全体を見て獲物を確実に仕留めるように指図する「ムカイマッテ」などである。

シカリは猟の経験はもちろん、腕、カンにも優れた信頼できる人物でなければならないが、それだけに集団の中では絶対的な存在であると同時に、猟の出来、不出来をも左右する重責を担っている。

猟歴三十年以上の松橋は、現在では伝統的なマタギのシカリ役ができる数少ない人物。その松橋シカリがいう。

「私は十六歳のときにセコをやった。セコは山を知るうえでも、猟をおぼえるうえでも欠かせないが、一年セコをやっただけでも普通の鉄砲撃ちの三、四年分にもあたるほどの経験になるのさ。このあたりでは猟犬《イヌ》を使わネだども、いってみればセコが犬のかわりさやるわけさ」

猟師に猟犬は欠かせないものと思っていた私は何やら不思議な気がして、その理由を聞いてみた。

犬は鳴き声や気配で、かえって熊に所在を知らせ、ヘタすれば追うどころか熊を逃がしてしまうことにもなる。それに、熊がいるかどうか、人間の目と足でさがしたほうが確実性があるため、昔からこのあたりでは犬は使わないというのである。

セコが犬がわりということは、マタギが一人前になるためには、セコの経験をさけて通るわけにはいかないのである。セコは、いってみれば〝犬〟としての完璧な訓練をされるのである。

つまり、優れたセコは、将来、優れたシカリになるための、基本的な素質を持った者といってもいいのだ。

事実、私は松橋シカリについて雪山へ入った時、その脚力、速度、カンなどから、犬を使う必要がないことを目のあたりにしたのである。

速かった。いや、速いだけではない。踏み出す一歩一歩が確実であった。

私は五日間を通して、早朝から夕暮れまで、毎日シカリについて山へ入ったが、脚の速さや精神力、判断の的確さに、内心舌を巻いたものであった。

実のところ、私も溪流釣りで沢を歩いたり山を登ったりすることにはなれているつもりであったが、シカリを始めとするマタギたちの山での行動は、山歩きだの山登りだのというスポーツの世界とはまったくちがうものであった。

マタギは主に熊を獲る人のことをいうのだが、プロの彼らとて、毎日熊が獲れるわけではない。命がけの厳しい猟であり、死と隣り合わせになってはいても、それでもなお山神はいつでも獲物を授けてくれるわけでは、ない。五日間山に入って、私はその自然の掟を身をもって体験した。

だから熊が出た時は確実に仕留めなければならないのだ、と松橋シカリはいう。鉄砲をただ撃てばいい、当たればいいというのは素人。プロが撃つ時は決してムダ弾を放たず、ピタリと急所を押さえて撃つのだ。

「熊の毛は数万本あるが数百メートルの距離からでも、そのうちの一本を撃つつもりで引鉄《ひきがね》を引け、これがマタギに伝えられた真髄なんだヨ」

夜、秋田の地酒を呑みながら、薪ストーブの傍らでシカリがそんなことを話してくれた。

銃を放ち、熊が斜面を転がり落ちても、命中し、絶命しているとは限らない。そうとは知らずに近づくと、熊はダッとおき上がり、逆襲にかかる。

「熊を撃った時オァーンという絶命《サジドリゴエ》の声が聞こえればまちがいない。だども、そのそばに別の熊がいたりすると、そいつが襲ってくることもあるんだ」

瞬時のスキも見せられないのだ。

午前六時半、四輪駆動車を走らせ、山へ入った。前夜の炉辺での作戦会議に続いて、車の中でも、どの山のどの場所から、どうやって熊を追い上げ、仕留めるか、綿密な相談が、松橋シカリを中心に、四人のマタギの間で練られている。

傍らで聞いている私には、言葉の端々に出てくる単語の幾つかはわかるが、秋田弁に加えてマタギ言葉も入り混じるので、ほとんど意味がつかめない。一人カヤの外といった風情だが、彼らの真剣な雰囲気に、ついマタギになったような気分にもなる。

マタギ言葉。それは今や失われようとする、彼らだけの山言葉である。

マタギは山は山神が支配するという「山中他界観」、つまり山は里とは別の世界との意識から、山では山だけで通用する言葉を使ったのである。

その語数は数百にも及び、かつては山で里言葉を使うことは固く禁じられ、破れば山をおろされたり、水垢離《みずごり》をさせられたりしたという。

マタギ言葉は大正初期にはすでにあまり使われなくなり、現在は完全にマタギ言葉がわかる人はほとんどいない。

「私だってマタギ言葉で会話されれば通訳がいるネ」

そういって松橋シカリは笑う。

マタギ言葉は、アイヌ語の転化、里言葉の流用、マタギだけの隠語などに分けられるというが、こういう言葉を使うのは、先ほどの山中他界観と共に、獲物に気どられないための隠密配慮があったからと思われる。

シカリやブッパもそうだが、マタギ言葉で熊のことを〝イタチ〟という。巨大な熊を小動物のイタチとは何とも妙だが、

「熊というやつは、頭が穴に入れば躰もスッポリ入るでね、イタチと同じだからそういうのだろうと思うけどね」

松橋シカリはいうのである。

そのほか、モチのことをタタミ、着物のことをカッポ、飲み物のことをワッカなどというそうである。


熊を追う判断が成立したのか、雪の降りしきる山の中で、立ったまま合議していたマタギたちが、サッと鉄砲を背負いなおした。

「行くよ！」

ボーッとキツネにつままれたような顔で突っ立っている私に、松橋シカリが、ひと

こと声をかけた。

いい終わるかどうかのうちに、シカリは沢伝いについた細い道を歩き出していた。シカリは王滝沢という沢を遡行しはじめた。私はあわててシカリのあとを追う。道といっても、落葉が厚く堆積した上に、雪が降り積もっているものだから歩きにくい。足に気をとられていると、突然、張り出した木枝に顔をピシリとやられる。

シンとした空気の中に、聞こえるのは沢を流れる水の音だけである。

と、先を歩いていたシカリが急に立ち止まった。

「……?」

私がシカリのほうを見ると、シカリは黙って眼下の沢のほうを指さしている。美しい水の流れが、私の目には見えた。シカリは、熊の痕跡でも認めたのだろうか。

背を低くしてそばに行くと、

「イワナだよ。ホレ、二尾、あそこに泳いでる。あれなら尺は超えてるサ」

小声でいうのである。熊ではない。イワナを見つけたのだ。しかし、歩くことにばかり気をとられていた私は、シカリの余裕に呆然とするしかなかった。

一キロほども歩いただろうか、前方に滝が見えたところで、シカリは突然、躰の向きをかえ、山の斜面にとりついたのである。

このまま沢を遡行するものと思っていた私はあわてた。しかも、シカリがとりついたのは岩壁といったほうがいいような急斜面で、そこに生えた木の枝につかまって上がるより仕方がないのである。当然のことながら、道なんてものはない。つまり、きり立った山の斜面をまっすぐ尾根に向かって直登していくのである。

根につかまり、枝から枝へ、まるで鉄棒の懸垂でもやるようにして躰を上へ上へと進めていく。いくらなれているとはいえ、その速いこと。まるで猿か風のようであり、オタオタしている間にすぐに十メートルは離されてしまう。しかも背には約四キロの重さがあるライフル銃とマタギの七つ道具（解体ナイフ《マキリ》、猟用刀《ナガサ》、アノラック、ロープ《シナリ》、替えの軍手、双眼鏡、弁当）が入ったリュックを背負っているのである。

直登する斜面の途中に大木が張り出していた。私にすれば必死の懸垂でこの木の上に上がった時、目の前にシカリがいた。

上を向くと、バラバラと雪が降りかかってくる。

「ひと休み入れるべ」

シカリがいう。内心、ホッとしたところだが、腰をおろせるようなものは何もない。シカリを見ると、器用に木枝に腰をあずけ、休んでいた。

私も真似してみようと、腰を木枝に寄せると、木枝はシナリと揺れ、私はバランスを失った。

下を見ると、何ときり立った渓《たに》が、ストンと落ちている！　一瞬、ここをホントに自分が登ってきたのが信じられない気持ちだった。

シカリは休みを入れている間も、決して神経をゆるめなかった。

ほんのつかの間の休けいだった。あとはまた必死の直登、また直登。

やっとの思いで尾根に出たが、休む暇はなかった。今度はきり立った斜面を横に移動する。これもやはり小木や小枝が命綱がわりである。必死でシカリを追うが、ややもするとヒザまである雪に足をとられ、転倒する。

下りにかかった時、ついに私は墜《お》ちた……。手でつかんだ枝が枯枝で、それがポキリと折れたのだ。アッと叫ぶ間もなかった。約二十メートル、雪の急壁を、シカリの立つ真下まですべり落ちていた。

「だいじょうぶだか？」

そういいながらシカリが微笑している。心臓ははりさけそうな鼓動を打っているが、私はなぜか、この余裕あるシカリの態度に、救われたような気がしたのであった。

そんなシカリでも、雪崩《なだれ》だけは〝危ない〟という。

が、危険だからといって避けて通ることはできない。行かなければ熊は獲れないのだ。

「特に春先なんかは雪崩の中を歩くようなモンだば、シバハジキっていう小さな雪崩でも、やられればひとたまりもないさ」

雪崩がおきそうな危険なところは、わざと雪崩をおこしてから通過するのだという。命がいくつあっても足りない……。

マタギは、熊を獲って、どういうふうにして料理するのか。私はマタギ、あるいは猟ということとともに、そっちのほうにも興味を惹かれていた。

喰いたい一心で、五日間の山行を耐えた、ということでもないのだけれど……。

結局、熊は獲れなかったから、残念ながらその肉を喰うことはできなかったが、シカリの話から、その料理のいかに豪快でうまいかという感触だけは伝わってきた。

松橋シカリが先祖伝来というのは、味噌仕立ての熊鍋である。これは、ロースなどの肉はもちろん、子袋や腸などの内臓も入れるのだ。内臓を入れるのがポイントなのである。大根、大根葉などの野菜やゼンマイ、ワラビなどの山菜を入れるが、ストーブの上でグツグツ煮ていると、表面に〝チリ〟と呼ぶ内臓についた脂肪が約一センチほどの厚さに浮いてくる。

脂肪といっても決してギトギトしているわけではない。むしろ鍋のコクを出し、これがあるとないとでは味に格段の差が出るのだ。肉はいくら煮ても固くならず、柔らかな弾力の中からジワリと旨味が滲み出てくるのである。

　こたえられないのが〝熊ステーキ〟だ。ハンバーグほどの大きさのロース肉を鉄板焼きにするのだが、これがみごとなシモフリ。肉には約五センチほどの厚さの白い脂肪の塊りがついているが、これは焼く直前にきりとる。

　きりとった脂肪はどうするかというと、これは刺身で喰ったり、フライパンでとかし、薬として保存しておくのである。脂肪の刺身は柔らかく、噛んだ瞬間、溶けていくようなすがすがしさなのである。

　薬として脂を使うのはヤケドしたとき。ヤケドして即座にぬると、アトが残らないのである。

　薬といえば読者諸兄もよくご存知なのがあの〝熊の胆《イ》〟であろう。これは熊の胆のうである。かつては〝胆一匁金一匁〟といわれたほど最高の漢方薬である。

　胆のうは肝臓の中にかくれるようにしてついていて、薄いササ色をしている。これをとり出し、板で挟んで乾《ほ》し、乾燥したものを数片削りとって使うわけだが、とり出す時に少しでもキズつけると肉にまで苦味が回ってしまうという。

変わったところでは冬眠明け直後のフンというのがある。熊は冬眠中、自分の手を舐めているのだが、そのダ液が腸にたまり、これが排泄されることになる。

「冬眠中は何も喰ってないから不純物も混じらず、少し濁った松ヤニのような色してるんだ。これ、熱さましにきくんだよ……」

マタギの知恵である。

一方、毛皮のほうはどうするのかというと、皮の〝引き方〟ひとつで価値がガラリとかわるのである。

「どこから引くか、どう引くかで三十万円のものが二束三文になることもあるからネ」

とシカリ。

皮引きの上手下手をきめるのは、皮と脂肪がいかにうまく剝《は》げるか、である。しかも、剝製《はくせい》にするか敷物にするかなど、用途によってもナイフを入れる場所がちがってくる。

「剝製のときはアゴ下から、敷皮のときは下くちびるから刃を入れるんだが、まちがったら使いものにならないのサ」

剝製にするか敷皮にするかは、躰の大小で判断する。

つまり、六十キロ以上、一メートル五十センチ以上なら敷皮に、それ以下なら剝製にするのだ、とシカリが教えてくれた。

それにしても。

マタギは常に命の危険を背負っている。熊との闘いもそうだが、雪崩や落石……マタギを〝又鬼〟と書くのもそんなことに由来しているにちがいない。

今は珍らしくなった、薪ストーブに手をかざしながら、

「おっかなくないですか？」

私がふと聞いてみると、

「危険を背負わなければ熊は獲れないさ。熊だって必死で生きてるンだべ」

松橋シカリは限りなく澄んだ目に、柔らかい微笑をうかべて、ポツリと呟いた。

外は霏々《ひひ》と雪が降り続いていた。

〈文庫版付記〉

松橋さんは二〇一一年一月、静かに逝去された。

絶壁の岩茸採り

松本源一〔群馬〕

ロープ一本に身を託し、岩壁に張りつく岩茸採り。ゲンさんは何十年もこうして命がけで〝純白の宝石〟を採り続けてきたのだった。

地下タビに半袖Tシャツ姿の痩身のオッサンが、陽の落ちかけた村道を歩いていた。手には、何かが詰めこまれてふくらんだ麻の布袋を持っているが、ふくらみの割にはそれほど重くなさそうである。

「何が採れたのですか?」

私が聞くと、オッサンは同じ足どりで歩きながら、

「岩茸《いわたけ》サ。山でネ、採ってきたの。よかったらお茶でも飲んでいきなさいヨ」

陽灼けした顔をニコリとほころばせ、気さくにいった。

それが群馬県上野村のゲンさんとの出会いだった。

ゲンさんは一九二一年生まれ、本名を松本源一という岩茸採りの名人である。
岩茸というのは読んで字のごとく、岩に生《は》える茸《きのこ》で日本固有の葉状地衣の一種だ。葉状地衣というのは茸は茸でも、マツタケやシイタケのように、いわゆる〝軸〟がなく、いきなり〝カサ〟が岩壁に張りついている茸なのである。しかも、岩壁といっても、ちょっとやそっとの岩壁ではなく、深山にきり立つ断崖絶壁。だから、これを採るのはロッククライミングさながら。しかも、ハーケンだのカラビナだのという〝道具〟は一個も使わず、頼りはぶらさがるためのロープ一本だけというのだから、まさに命がけ。あまりに危険が多いため、愛知県の鳳来寺山のように、その採取が禁止されているところもある。

　ゲンさんはもう何十年もロープにこうしてぶらさがり〝絶壁の宝石〟を採り続けてきた人物なのである。

「えらいところに生える茸なんですネ」

　と私がいうと、ゲンさんはあらためてそれに気づいたように、

「そういわれればそうなんだネ。たしかに、誰でもが見たい時に見られるものじゃないから。この上野村でも約二千人の人がいるけど、生えてるところを見てるのは一割もいるかどうか」

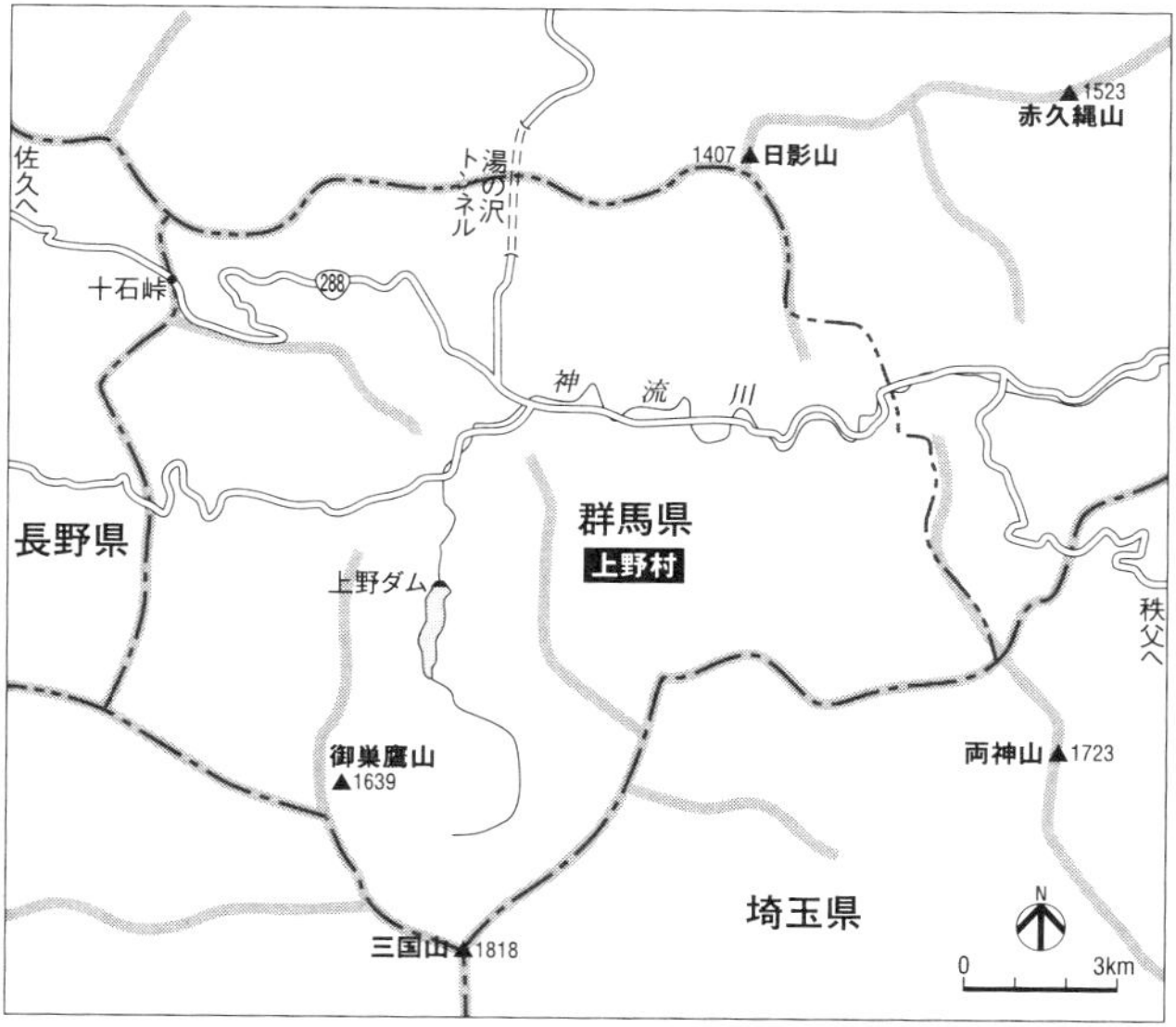
佐久へ
湯の沢トンネル
1407
日影山
1523
赤久縄山
十石峠
288
神流川
長野県
群馬県
上野村
上野ダム
秩父へ
御巣鷹山
1639
両神山
1723
埼玉県
三国山
1818
N
0
3km

プカリとうまそうにタバコをふかし、首にかけたタオルで額の汗を拭きながらいうのだった。

ゲンさんは、岩茸採りのほかにも、山に自生する薬草を採ったり、川ノリを採ったり、山仕事に出ることもある。つまり、ゲンさんのやっている仕事のどれをとっても〝山を知る〟ことが絶対的必要条件になっているわけだが、高所恐怖症に加えて墜落恐怖症に脅える私には、やはり岩茸採りが最も危険で厳しいものではないかと思えた。そんな思いをゲンさんに向けてみると、

「おっかなくはないヨ、もう慣れちゃってるから。でも、危ないにはちがいないネ」

ハッハッと笑って、私の恐怖心を吹きとばすようにいうのである。その時、山についていく心算《こころづも》りはあったが、まさかロープにぶらさがる羽目になろうとは、私はまったく思ってもみないことだった。

岩茸採りの〝危険〟は、墜落ばかりではない。一瞬の〝魔の刻《とき》〟は自らの万全の注意を超えてやってくることがある。

「いちばん怖いのはやっぱりハチかナ。このあたりでは〝フェンドウ〟って呼んでるけどクマバチよりひとまわりも大きくて、こいつにやられたら痛いぐらいじゃすまな

いのサ」

ゲンさんは何やら苦虫を嚙みつぶしたような表情でいう。私は幸か不幸かまだ〝フエンドウ〟にお目にかかったことがないから、その凄さがどんなものかわからなかったが、何十年も岩壁にぶらさがってきた山人のゲンさんが苦虫を嚙むぐらいだから、想像はつく。

「襲われた経験、ありますか？」

私が聞くと、ゲンさんは目をパチクリさせて、あるよ、もちろん！　といった。

夏のある日、ゲンさんはいつものように午前七時ごろに家を出て山に入った。普段ならそれから約半日、ロープにぶらさがって岩茸を採るのだが、その日はちがった。いや、ちがったというより、あの憎きフェンドウのために、仕事を邪魔され、予定を狂わされてしまったのである。

ゲンさんは絶壁を高巻きして突端へ出、生えていた木にロープをくくりつけて下降をはじめた。

トントンと身軽く、三分の一ぐらい下ってきたあたりだったか、ふと妙な音を聞いた。

足場の砂岩が崩れるのか、ザラザラと下に落ちていく音が聞こえる。だが、妙な音というのはその音ではなかった。放送終了後のテレビの雑音か何かのように、ブーン、ザーザーという音である。

「……?!」

虫の羽音だ、とゲンさんが気づいたと同時に躰に激痛が走った。

ゲンさんが憶えているのはそこまでだった。

無性に暑かった。夏の日の太陽に灼かれる熱さとはちがう。海水浴で肌を灼きすぎた時の、あの夜の苦痛に似た熱さ。ノドがカラカラにかわき、ノドの穴がふさがってしまうのではないかと思えるほどの激しい渇きに、ゲンさんは転げ回った。

「それに、目が見えないんだヨ。霧がかかったみたいで、ボヤーッとしてる。ア、オレはハチにやられたんだって気がつくまでは時間がいったものサ」

絶壁の上からどんなふうに墜落したのかはわからないが、数十年にわたる絶壁歩きの〝技術〟が無意識に助けたのか、どこにもケガをしていなかった。

何とかボンヤリとした目で時計を見ると三時だった。つまり、九時ごろにハチに襲われて気を失い、三時ごろに目ざめるまで、ゲンさんは絶壁の下で昏々と眠り続けていたことになる。

「後でわかったんだが、おりてくる途中で、岩壁にかかっていたフェンドウの巣を踏みつぶしたんだネ。知ってればそんなことやらないけど、ハチが怒るのもあたりまえだ」

ゲンさんは苦い思いを忘れたように、アッハッハと笑うのである。

もちろんその日、布袋には一枚の岩茸も入っていなかった。

山の恐ろしさはまだまだ、ある。

やはりこれも〝襲われた〟話である。襲った相手は猿だ。

「ロープにぶらさがってると、猿がヨタるのさ。上に置いてある弁当をとっちゃうなんてのはまだいいの」

ゲンさんが絶壁に張りついて〝仕事〟をしているうちに上では猿がタナボタよろしく弁当を失敬するのである。さて昼にしようかと、ゲンさんが上がってみると、敵ながらあっぱれとしかいいようのない喰いようで、飯粒ひとつ残さず、きれいにたいらげられたカラの弁当箱が転がっているというのだ。

それだけではない。いや、それだけなら、空腹をガマンするぐらいで何とかなるが、中にはゲンさんのぶらさがっているロープを、ほどきにかかるやつがいるのだ。

ゲンさんはある時、ぶらさがっていたロープに何やら妙な気配を感じて、上のほうを向いた。が、あいにく絶壁の上がひさし状になっていて状況がつかめない。

だが何かがおかしいことだけはまちがいなかった。

「どうしたのか……？」

ゲンさんが考えた時、フワリと躰が宙に浮いたのである。アッと声をあげる間もなかった。投げ出され、宙に浮いたゲンさんの目に、数匹の野猿が、ロープをくっていた木のあたりで屯《たむろ》しているのが見えた。

したたかに躰をぶつけたが、落ちた高さと場所がよかったのか、大ケガだけはせずにすんだ。

「腹がたったけど怒ってみても後の祭りサ。だから、そんなふうにヨタをされないようにオレがぶらさがってる間は絶対にほどけないロープのくくり方を考えてやってるんだ。それでもヨタろうとする猿《やつ》はいるんだヨ」

どうしようもない猿知恵だが、ゲンさんとしては命がかかっているのだから自ら守る方途を考えなければならないのである。

まだある。山の生物ではないが、やはり〝魔の刻〟をつくり出す霧である。

ゲンさんはもう何十年も山で仕事をしているのだから、このあたりの山道はもちろん、どこに何が生えていて、どこの山が危ないかは熟知している。地形、地図が確実に頭の中にインプットされているわけだが、それでも霧はやっかいだという。

「霧に巻かれたら、オレだって迷っちゃうんだ。一度なんか、帰りに霧の中に巻きこまれて、どんどん歩いたんだが、たどりついたのがえらい村外れ。あれはホント、遭難寸前だったネ」

ゲンさんはケロリとした顔でいうのだが、助かったのは山をよく知っているからで、普通なら完璧に遭難していたにちがいない。


午前九時、山へ入るというゲンさんに、私はついていくことにした。

四輪駆動車に乗りこみ、あっち、こっち、とゲンさんに指示されるままに走らせるのだったが、そのうちどこをどう走っているのか、私にはわからなくなってしまった。

舗装路から地道の林道へ。途端に道幅は狭くなり、傍らを沢が流れる山道を登っていく。

「ちょっと……」

車を停《と》めるとゲンさんがいう。このあたりに岩茸の生える岩壁があるのかと、私はキョロキョロ周囲を見回してみたが、それらしい景色は見えなかった。

「この先は国有林でネ。門《ゲート》があるから開けてもらわないと入れないんだ」

いいながらゲンさんが車を降り、前方へスタスタと歩いていく。
二、三分してもどってきたゲンさんは、
「よし、行こう!」

また凸凹の山道を走る。

どのくらい走っただろうか。ちょっとした広場があり、その先に橋がかかる場所に出た。ゲンさんはここで停止するようにいった。

「ここに岩茸が?」

どう見ても岩山には見えない場所だったので、私が怪訝《けげん》そうにいうと、

「そう。この上にいいところがあるンだ」

ゲンさんが自信を持って答えた。

清水が滲み、流れ出していた。私はそこに駈け寄り、口をつけて水を飲む。ヒヤリと冷たく、ノドごしまろやかな自然水が、快く胃の腑に落ちていく。

「ウマイ!」

私が舌うちし、ふとふりかえると、向こうではゲンさんがいきなり山肌にとりついているのが見えた。私はあわてた。飲みかけの清水を放り出し、ゲンさんのところに走る。待ってください、という暇もなかった。とりついたと思うと、ゲンさんの姿は

もうヤブの中に消えてしまっている。

私もゲンさんを真似とばかりに、雑木を持ってヤブの中に突入した。が、厚いと思えた雑木の〝壁〟は意外なほどあっけなく通り抜けた。その先は疎林の斜面とでもいいたいような空間になっていた。地面は拳《こぶし》ぐらいの大きさの石がゴロゴロと転がり、それを割るようにしてところどころ木が天に向かって伸びている。しかし、決して密林というほどではなく、木と木の間が約一メートルぐらいはある〝疎林〟である。樹木が張りめぐらせた枝や葉のせいで、陽がさしこまないためか、森の中は薄暗く、ヒンヤリしている。

奥に入るにしたがって、斜面の角度は急になり、先を行くゲンさんの足もとで崩れた石がゴロゴロと落ちてくる。ゲンさんが急に立ち止まり、

「同じところを登ってきたらダメだよ。オレが登るとこからちょっと外れるんだ。石が落っこちるからサ」

真剣に声をかけてくれた。私はカエルにでもなったようにゴロ石の斜面に這いつくばり一手一足、ゴソゴソと斜面を這い上がる。が、ちょっと足を踏んばっても、足もとの石が崩れるから、歩きにくいことこのうえない。

いつまでこんな〝カエル〟歩きが続くのだろうか。幻の岩茸はホントにあるのだろ

うか。

少しばかり不安になってきた。

ふと私が目を上げると、ゲンさんが片手を岩壁につき、だいじょうぶか？　という表情で私を見おろしていた。私は這い上がることに必死で、そんなところに岩壁があるなどとはちっとも気がつかなかったのだが、見上げた目には、突然降ってきたように岩壁が立ちふさがっていたのである。ザクリと斧《おの》で切りつけたように、その岩壁は立っていた。

「こういう岩のずっと上のほうに岩茸がついているんだ」

生えているといわないところが私には面白かったが、後に絶壁の岩茸を見た時、その表現はナルホドいい得ているのだと知らされた。

はたしてこの絶壁を、どうやって登るのかと私が考えていると、

「ここからグルッと巻いていって岩壁の上に出てネ。上からロープでぶらさがるんだ。もうすぐだヨ」

ゲンさんはそういうと再び岩壁に沿って斜面を登りはじめたのだった。

途中、私はブーンという虫の羽音を聞いた。

「ハチじゃないですか?!」

ゲンさんの話を思い出して声をかけると、

「ハチだネ。けど、フェンドウじゃねェからちょっとよけて通ればだいじょうぶさ」

何でもないというふうにゲンさんはいうのだったが、私は首をすくめ、ヒヤヒヤしながら登っていく。

暑い。あとどのくらい歩くのかと私が思っていると、

「ホレ、ここに岩茸があるヨ」

ゲンさんがいう。絶壁には何やら暗緑色のユキノシタの葉を連想させるようなものが、いっぱいに張りつめていた。生えるというより、まさにつくという光景であった。

「これが岩茸?」

「そう……けど、このあたりのはみんな小さすぎるヨ。山仕事の人なんかが、手の届くところのは採っちゃうからネ」

とゲンさん。斜面に腰をおろし、

「この岩、火打ち石なの。固い石でネ。こういう石に岩茸はつくんだ」

ナルホドとは思いながら、こんな石に岩茸が育つための栄養なんかがあるのだろうかと私は不思議な気がした。

「岩につく茸ねェ……」

私が呟くと、

「あのネ、岩茸っていうのは、霧を食べて大きくなるだヨ。だから霧の出る山でなければ岩茸は出ない」

「それじゃあ、何だか仙人みたいだナ」

私がいうと、ゲンさんもフッフッと笑いながら、

「そういわれればそうだけど、たしかに仙人の喰い物みたいに〝薬効〟もあるだヨ。けど何せ霧が餌なんだから、十センチとか十五センチとかいう大きいのになると、三十年か四十年もかかるのサ」

真面目な顔をしてそういうのだった。

絶壁の上に出たゲンさんは、布袋からロープをとり出し、手早く木にくくりつけた。そしてもう一方をサッと下に投げた。ロープは生き物のようにスルスルと絶壁を這い、眼下に消えた。私は腹這いになっておっかなびっくり下をのぞこうとしたが、ズルリと引きこまれそうな気がして、あわてて引っこんだ。

ゲンさんはロープがしっかりくくられているかどうかをもう一度確かめ、ぶらさが

る準備をしていた。

「ストッパーは、つけないんですか?」

危険防止を頭に描いていた私が聞くと、

「つけないヨ。あれは便利だけど重くて動きにくいからつけないの。つけてる人もいるけど、オレは昔からこれでやってるから」

いい終わらないうちに、トットットッと両足で岩壁を蹴るようにして、下へおりていく。見ていると、ゲンさんは軽業師《かるわざし》のように身軽で、その動きのひとつひとつに、数十年の年期が滲み出ていた。

トッとおりては止まり、片手でロープを握って、もう一方の手で岩壁に張りついた岩茸を採っている。仕事とはいえ、実に鮮やかな手並みである。

私もやってみたが、採れるどころか、どうやっても〝カサ〟がひきちぎれてしまってうまくいかない。見ていたゲンさんが、

「カサの下に指を入れてネ、くっついたところをひねるようにするとうまく採れるヨ」

と教えてくれる。しかし、何度やってもゲンさんのようにうまくいかなかった。それより、ロープにぶらさがっているのがせいいっぱいなのだ。

岩茸は岩場が濡れているときは表面が深い緑色である。料理屋などで刺身のツマとして出てくる岩茸はご存知のとおり真っ黒。実はこれは本来の〝緑〟のものを洗い流しているからである。

「表面の緑は毒なんだ。喰ったらアッという間にひどい腹痛おこすヨ」

とゲンさん。

陽照りが続き、しめり気のない日が続くと岩茸のカサは乾燥して白っぽくなるが、そんなやつでも水に浸すと緑色になる。この〝緑の毒〟を洗うのは、まさに洗たくそのもの。シャツかパンツを洗うように、ゴシゴシ、ギュッギュッともみ洗いするのである。

「洗ったら黒い汁が出て、水は何度もとりかえるほどだヨ」

ナルホド、これでは汚れ物の洗たくだ。

ゲンさんがいよいよ岩壁の下におりたった時、布袋は岩茸がいっぱい詰めこまれて、ふくらんでいた。ロープにぶらさがっていたのは約一時間ばかり。その間ゲンさんは右へ左へ、上へ下へと驚くほどの速さで自在に移動し、絶壁の宝石を採っていたのである。

「きょうはまだいいよ。岩場が濡れてると岩茸は採りやすいんだが、足場がすべるから危険でネ。反対に乾いてると、岩茸も乾燥してるから崩れやすく、採りにくい。なかなかうまくいかないものなんだヨ」

ゲンさんはそういうと、袋を縄で縛り、肩にかけた。

昼メシ以外はこうしてロープにぶらさがりっぱなしで、一日約三キロの岩茸を採る。南京袋いっぱいで約十キロだというから、一日の仕事で一袋の約三分の一ほどの岩茸が採れるわけだ。ただし、小さすぎるのは決して採らないし、三キロも採れるのはゲンさんがベテランだからだ。

ゲンさんの家には岩茸がいっぱい入った十キロの南京袋が数袋置いてあって、いつでも需要に応じられるようにしてある。

いや、家に置いてあるのは岩茸だけではない。

玄関の土間に大きなポリバケツが置いてあり、ゲンさんがフタをあけてみろという。私はひょっとして、岩茸の栽培でも試みているのではないかと思いながらフタをとり、絶句した。

バケツの中には、底に土が入れられ、木枝が放りこんであった。ところがその木枝に、マムシが這いつくばっているではないか。

「山でネ、とってくるの。いま泥を吐かしてるンだが、マムシ酒をつくるのサ」

ゲンさんのポケットには、スーパーマーケットで買い物した時にくれる、ビニール袋がいつでも入っていて、山歩きの時にマムシを見つけると生けどりしてその袋に入れてくるのである。

「噛まれないですか?」

ゾッとして私が聞くと、

「ナニ、もう慣れちゃったから」

アハハとゲンさんは笑うのだった。

その夜、私は絶壁での岩茸採りを思い出しながら、岩茸づくしで酒を呑んだ。

絶壁の岩肌を通りすぎる山風のように、さわやかだった。

白馬岳のボッカ　太田健三〔長野〕

遊びで歩いたことはない、歩くときはいつも荷物を背負っているんですよ……

三十年間重荷に耐えたその背に、逞ましい誇りが感じられた。

早朝。霧《ガス》が流れていた。

恐ろしく視界が悪い。ネットリと纏いつくような霧が、あきらかに何物かの侵入によって、裂かれたように、ゆっくりと乱れた。

霧の裂けた間隙《かんげき》から現われたのは、白馬岳《しろうま》でもう三十年以上もボッカをやっている太田健三であった。健三は一九三九年生まれ。陽灼けした顔が、霧で濡れている。背には躰が隠れるほど大きな荷をくくりつけた背負子《しょいこ》が担がれているが、足どりには霧の先を見透す目を持っているかと思えるような確かさがあった。ゴム長ぐつをはいた足は、遅くもなく速くもなく、ペースを狂わせることのない山人の〝慣れ〟が感じられる。

山が雪に閉ざされた冬の季節以外、健三はほとんど毎日、荷を担いで白馬の山道を歩き続けてきたのである。

ボッカは平均六十キロ、重い時なら百キロを超える荷を担ぐというから、私はさぞや筋肉質のゴッツイ男かと想像していたのだが、健三の体重は六十五キロ。決して筋骨たくましい大男ではなかった。

何やらアテが外れたような気持ちで私が健三を見ていると、

「荷を担ぐのは力じゃなくてバランス。重量物は訓練すれば担げるようになるんですヨ。私、自分の体重の約二倍ぐらいの重さの荷なら背負います。ただ、水ものはバランスがとりにくくて、背負いにくい荷のトップだネ」

体重の二倍といえば約百三十キロ?! よく骨がバラバラにならないものである。

健三のいう〝水もの〟とは、たとえばプロパンガスのボンベ。約九十五キロはあるのだが、これに缶ジュースなどをつけると百二十キロぐらいになる。しかし、その重量よりも、カッポカッポと自在に移動してバランスを崩す〝水〟は、重心が動くので担ぎにくいというのである。

「荷はどんなものでも自分で担いで立てれば運べますヨ。それが私の仕事だし……私

新潟県
長野県
白馬岳
2932
白馬山荘
村営頂上宿舎
御殿場
白馬尻小屋
大雪渓
猿倉
2812
杓子岳
富山県
小日向山
1908
鑓ヶ岳
2903
白馬村
白馬鑓温泉小屋
2162
烏帽子岩
天狗山荘
N
0
1km

ネ、昭和二十九年に白馬に来たんですけど、遊びの目的で山を歩いたことは一度もない。歩いてる時はいつでも荷物を背負ってるか、郵便物を持ってるかでネ」
山は健三にとっては仕事以外の何物でもないのだ。三十年のあいだ、黙々と荷を担いで白馬の山道を歩き続けてきた健三の心のありようを、私は計ることができなかった。


いつだったか、私はボッカの凄絶な生きざまとでもいいたいような話を聞いたことがある。健三の話を聞きながら、私はふと脈略もなしにその話を思い出していた。

それは奈良県の吉野、釈迦ヶ岳山頂の石像にまつわる話である。

昔、吉野の村に強力《ごうりき》としては一、二の力を持つ一人の男がいた。

ある時、山上に釈迦の石像を運びあげることになったのだが、その仕事ができるのはこの強力以外にないということで、男に石像運びが要請された。ところがこの男、何が気に入らなかったのか、酒灼けした顔にうすら笑いを泛《うか》べ、

「知らんナ。勝手に運んだらええやないか」

フーッと酒くさい息を吐き出して拒絶してしまったのである。

困ったのは村人だが、放っておくわけにもいかないので、皆で手分けして運ぶこと

になった。いかんせん石の塊り、分解して運ぶにしても相当の重量がある。作業は村人の労苦にもかかわらず、遅々として進まなかった。

しかし、ある日、どういう風の吹き回しか男が急に、石像を運んでやってもいいといい出したのである。単なる心境の変化、というやつではなかった。酒代欲しさかカネ欲しさか、たぶんそんなところだろうというのは誰にもわかった。

たしかに、男にも最初のころはそんな気配がありありと見えた。が、運んでいくうちに男の様子がかわってきたのである。最初は鼻唄まじりにやっていたのが、いつの日からかブツブツと口の中で経をとなえながら、荷を担ぐようになった。あれほど毎日、浴びるように呑んでいた酒も、ピタリとやめ、まるで天職とでもいうように毎日一心に石像を運ぶ。

雨の日も風の日も、憑《つ》かれたように運び続け、疲労困憊《こんぱい》。眼窩《がんか》はえぐりとったように落ちくぼみ、躰という躰は皮膚から骨が浮き出したように筋張っていた。体力も精神力も限界にきていることが誰の目にもわかった。

どのくらい日数がたったか、男はついに最後の荷の台座を背負って山道を歩きはじめた。珍らしく息も乱れがちだったが、男は休けいを入れることもなく、一気に山上をめざした。

山上に着き、男が〝最後の荷〟をおろしたとき、墨絵のように広がる吉野の山々が恐ろしいほどの静謐を見せているのが目に写った。

石像建立のために山上に赴いた村人は、石像が積まれた傍らに、図り知れない深淵をたたえて横たわっている男のことされた姿を発見したという。

釈迦ヶ岳に伝わるあまりにも哀しく、凄い強力の話だが、私には一心に山道を歩き続ける人間の凄絶な生きざまを垣間《かいま》見たように思えたのである。

強力の生を描いた名作に、新田次郎の小説『強力伝』があるが、いずれにせよ、荷を担いでひたすら山道を歩く人間には、里人には想像もできない山の人生がある、と私には思えるのである。

健三が、毎日山を歩きながらも、一度として遊びで歩いた記憶がないというように、それはある種の〝天職感〟につらぬかれていなければ、とうていできない仕事なのではあるまいか。いや、〝仕事〟という意識を超えた生といってもいいかもしれない。

山が好きだから、というボッカもいるかもしれない。健三の場合、そんな〝山屋〟にちかい気持ちのありようとは少しばかりちがっているのだ。

健三が、ふとこんなことを呟いた。

「昔は泊まりでボッカをやったことがあった。けど楽しいっていう気持ちじゃないんだ。仕事ではあるけど、本心はやっぱり家に帰りたいんだよネ」

そういったあと、私は山しかないところに生まれちゃったから、この仕事やるよりしようがなかったんだヨ、ともつけ加えた。


それにしても、健三が歩いてきた三十年のあいだに、山もそうだがボッカの仕事もずいぶんかわってきたという。

まず一番大きくかわったのは、輸送方法である。

「昔はもう文字どおり何もかも人が背負って運んだものだけれど、今はヘリコプターで一度に運んじゃう。こっちのほうが時間も速いし、効率もいいからネ」

今や、山も大量輸送の時代なのである。ヘリコプターは機動力によるボッカともいえるわけだが、健三がボッカの道に入ったころには考えられもしないことだった。

ヘリの出勤は五月中旬の〝山開き〟の前にはじまる。缶ジュースや腐らない食糧などを山開きとともにドッと登ってくる〝客〟にそなえて、運び上げておくのである。

さらにシーズンに入ると、生鮮食糧品や燃料などをヘリが運び上げる。となると、いまやボッカの仕事はなくなったのではないか、とも思えるのだが、決してそんなことはない。

「私ネ、七月一日から八月三十一日まで、毎日、郵便物を上の小屋に届けてるんです。そのほかには山でケガ人とか病人が出た時、背負って下に降ろしたり。それから、ヘリの緊急要請ができない時なんかもネ」

ほとんど霧《ガス》が出ない日はないといわれる白馬岳のこと、天候の具合や何かでヘリが飛べない日もけっこう多いのだ。こういう時には頼りになるのはやはり〝山慣れ〟したボッカしかないのである。

「でも、今はずいぶん楽になったですヨ。道がちがいますから。昔は沼池のあたりまでしか車が行けなくて、猿倉からは頂上の村営宿舎までずっと歩いたものだけど、今は御殿場までついてるから、約四キロばかり歩けばいいんです」

荷がある時は背負子を担ぎ、ない時にはザックだけという軽装。登山というより、健三にとっては、ちょっとした散歩といったふうなのである。

「ボッカをはじめたころは、約二十キロぐらいのものを背負ってたんですけど、なれてくれば平均八十キロぐらいのやつを、毎日担いでた。二十歳ぐらいがいちばん体力のあるころだネ」

また現在のように〝道〟がないころ、健三は百五十キロの荷を担ぎ、白馬尻まで歩いたことがある。この時ばかりはさすがに何回も休けいを入れたが、それでもボッカをやめようとは思わなかった。

もっとも休けいといっても、グッタリと休めるわけではない。たいていはちょっと立ち止まり、二十秒か三十秒のあいだ、呼吸をととのえるだけ。もう少し長い時でも、決して荷を降ろしたり、腰をおろして休むことはない。荷杖を尻にあて、これにすがるようにして立ったまま休むのである。

ちなみに、山行の時、休けいすることを〝一本立てる〟というのは、このあたりからきているのではないかと思われる。


健三の朝は、早い。ボッカをやる季節には毎朝四時半の起床である。夏とはいえ、午前四時半といえばまだ薄明の中。初夏のころでも山里の早朝は肌に冷たい。

「私が最初にやる仕事は、駅前に荷物をとりに行くことでネ。朝メシは喰わないで出かけるんです」

受けとった荷物を軽トラックに積みこみ、山へと向かうのだが、現在は車道、林道もずいぶん奥まで入っているから、車で行けるところまでは車を利用する。

「現在は道は御殿場までだから、ここから白馬尻までは歩き。車に積んでいた荷を担げるように荷造りして、歩くんです」

御殿場から白馬尻の小屋までは約一キロ。健三にすれば散歩にもならない距離である。

「小屋に着くのは六時ごろだが、私、ここで朝食をとるんです。昔は山小屋の食事といえば、せいぜいカレーライスなんかがごちそうだったですが、今じゃ、ステーキ出すところもある。時代がかわっちゃったんだね……」

健三はいうが、何も、健三が朝食に、カレーライスやステーキを食べているわけではない。食事は小屋の従業員と同じもの。一汁一菜に毛の生《は》えたぐらいの、決して〝ごちそう〟ではないのである。

しかも、メシを喰うといっても、満腹するまで喰うことはない。いわゆる〝腹八分目〟というやつだ。

ちょっとした早朝の散歩は、適度な空腹を呼ぶものだが、満腹は躰によくないという。

「ボッカにとって何が大切かといっても、胃ほど大切なものはないんだ。胃を悪くしたらボッカはやれない。事実、胃を悪くしてボッカをやめた人もけっこういてネ。オレなんて胃薬も飲んだことないの。マ、何が自慢かというと、胃が丈夫なことかナ」

なぜ胃を悪くするのかと私が不思議に思っていると、健三が、何だ、そんなことも

わからないのかといった顔で、

「早メシ喰らうしネ。それに、喰ったらほとんど休むヒマもなく、すぐにまた荷を担いで歩くんだもの」

普通なら三日続ければ覿面《てきめん》に胃をこわしてしまうにちがいない。酒を呑みすぎて宿酔《ふつか》に陥《よい》っていようと、睡眠不足であろうと、別にどうということもなく山を歩けるが、胃をこわしたら山は歩けない、と健三はいうのである。

また、カゼをひいたりして、体調を崩した時は、やはり苦しいというが、それでボッカを休むことはない。むしろ、怖いのは〝油断〟だ。

「ちょっと気を抜いた時に、必ず何か事故がおきるものでネ。たとえばギックリ腰とか背中の筋肉がつるとか。もうそうなると歩けないよネ」

これは年齢には関係ない。若かろうが年をくっていようが、ちょっとした油断が大ケガのもとになるのだ。里の世間でもよくある話だが、山を相手のことだから、ヘタをすると命を落とすことにもなりかねない。

山を歩いていて恐ろしいと思うことは、まだ他にもある。

さぞや霧《ガス》などは最も恐ろしく、危険なものではないか、と私は思ったのだが、健三は、そうだネ……と少し考えてから、

「ガスのない日はいいけど、ガスってると頼りになるのは〝音〟だけ。だから、こういう日には耳だけはよく聞こえる工夫をしてるんですよ」

耳殻を前におこし、周囲の音が鋭く聞きとれるようにするのも工夫のひとつだ。しかしただ工夫だけすればいいわけではない。どんな状態の中でも歩けるようになるには、山で生きる人間にしか与えられない経験とカンを欠くことはできないのである。

躰にある神経は、ただ歩くということにのみ集中され、黙々と歩く。ちょっと気が遠くなりそうな気さえするが、その持続力と耐久力こそ、健三が重い荷を担ぎ、山で生きてきた証しでもある。

「今はだいたい決まったところを歩くから、どこがどうなってるかわかるけど、昔は知らないところでも歩いたからネ。判断するのがひと仕事だったのさ」

大池、馬尻、白馬山荘、天狗、五竜、キレット……アルプスの北部の山小屋は、ほとんど歩いてきたという。

冬。山が雪に閉ざされ、小屋が閉まると、健三の〝ボッカ〟としての仕事は休みになる。

ただ、ボッカはやらなくても、山に入ることはある。

「小屋をネ、見にいくんです。猿倉の小屋の屋根に積もった雪をおろしにネ」

冬山には夏山とちがった顔がある。毎日のように降る雪は、想像を絶する重量となって放っておけば小屋を圧《お》しつぶしてしまうのである。

荷を運ぶということだけにはとどまらない健三の隠れた仕事が、こんなところにもある。

「雪道では何度も危ない目にあってるよ。だから、山を歩いていて雪が降ってくると、ああおっかねェと思うけど……でも平気で歩いてたネ」

これも〝なれ〟であろうか。あるいは山人の持って生まれた性《さが》というやつかもしれない。

ただ、山を歩く時の危険というのは、冬山に限らず、常につきまとう。

「私がいちばん注意するのは落石。これだけはダッと落ちてきたらひとたまりもないから歩いてる時は一瞬として、落石の注意をそらしたことはない」

と健三。私も山に入っていて何度か落石を経験したことがあるが、特に逃げ場のない隘路《あいろ》などで落石にあうと、これはもう不運。直撃でもされれば、よくて重傷、悪ければ死への引導を渡されたも同然なのである。

健三の口ぶりは驚くほど淡々と落石の怖さを語るが、私は過去の落石の恐怖をふと思い出し、身ぶるいしたのだった。健三がこれほど淡々と語れるのは、それが彼の皮膚感覚として身についているからであり、山に入ると最も神経を遣わなければならないことの基本事項になっているからではないか、と私には思えた。

いちばん好きな山の季節はいつか、と私が聞くと、健三はちょっと首を傾《かし》げ、

「好きか嫌いかということじゃないけど、八月ごろがいちばん働きやすいネ。半袖シャツなんか、身軽になるし。ただ、ここには雪渓があるから、夏でも長ぐつだけははいてるんだけどネ」

年中、長ぐつである。それはいわば健三の必需品なのである。

「雪渓を歩くには、第一に足を濡らさないこと。足を冷やすと歩きにくくなるんです。最初のころはそんなことわからなかったけど、経験していくうちに、足を濡らしてはダメなんだ、歩きにくくなるんだってことがわかってネ。マ、長くやってきたから、そんな知恵もつくんだネ」

山人として、山の不可解さ、恐ろしさ、優しさや凄さを知っているから、不運にも遭難した者を見ると、心が傷み、放っておけない気にもなる。中には、なぜこんなところで落っこちるのかナ、と思うようなこともあるが、そこが山の不思議。山はちょっとした油断をも見逃がさず、許そうとしない。それは単に登山技術やキャリアを超

えた〝不運〟としかいいようがない。

一年に一人、二人の遭難者が必ず出る。そのたびに健三は遭難救助に向かうのである。

「登山者なら落石、それからスキー客の遭難とかケガ。身動きができない人を背負って山道歩くのは楽じゃないですよ。モノいわない荷物背負ってるのとはワケがちがいますから」

もうひとつ、健三が気をつけるのは天気である。普段でも山の天気は変わりやすい。だから、天気予報は健三にとって〝地図〟と同じぐらい重要さを持った〝データ〟となるのである。

「台風、低気圧、大雨……山の天候は一度荒れると人の力なんてふっとんじゃう。考えられないほどの力持ってる。私、毎日、家出かける前に何やるかって、天気予報を必ず確かめて入るんです。でなければおっかないですヨ」

特に重量物を背負っている時など、歩いている途中で天候が悪化すると、ゾッとし、生きた心地がしないこともあるという。

荷を背負って歩いている時は、とにかく早く目的地に着くことしか考えていない、と健三は笑う。

が、早く着きたいためにペースを早めたり無理をしたりすることは決してない。そうすることがかえって思いがけないトラブルにつながることを、身に染みて知っているのだ。

「けど、私、この仕事が嫌いじゃないです。だって、勤め人のように他人に監視されることもないし、そういうことからいえば気楽だからネ」

それが気楽と思えるところに、健三の山人としての人生があるのではないだろうか。つまり、山歩きの孤独を毎日味わいながら、なお気楽さを感じる余裕というのが、休日を利用してちょっとした山歩きを楽しむ登山者とは基本的にちがうのである。

しかも、健三が背負っているのは、自分の荷物であったことは一度もない。背負っているのは麓から上がってきた〝都会《まち》の人〟が、山上で快適な日を過ごすための〝荷〟なのである。

ボッカを天職のようにして生きてきた健三は、あらためてそんなことを考えたこともないのだろうが、話を聞いているあいだ中、ひと言としてそんな話題にふれないだけに、私はいっそうボッカの〝力〟を痛感させられたものだった。

白馬岳の麓にある健三の家を出た時、頂上ちかくに霧《ガス》がかかり、朝陽に輝く白馬連峰が目にまぶしく入ってきた。

シンと静まりかえった山あいに、物いわぬ一陣の風が吹いた。

私は、その風の中に、黙々と山を歩くボッカのにおいを嗅いだように思った。

浅草生まれの山小屋主人

日本一の八百屋をめざしていながら、ふとしたきっかけで
北八ヶ岳・縞枯山荘の主になった男の青春時代は、波乱万丈そのものだった。

嶋 義明〔長野〕

心のなかではいつも〝山の歌〟をうたっていた。

かつて暇をみつけては山歩きをしていた時もそうだったし、山小屋の亭主《おやじ》になり、山暮らしをはじめてからも、心のなかではやはり〝山の歌〟をうたい続けている。

ピラタス横岳ロープウェー（現・北八ヶ岳ロープウェイ）の頂上駅から、歩いて約十分ほど、北八ヶ岳の横岳に近い八丁平に、合掌造り風の山小屋がある。縞枯《しまがれ》山荘である。

嶋義明がこの山小屋の亭主になったのは一九八〇年。嶋は一九三九年生まれだから、世間では〝おじさん〟と呼ばれる齢になってから、山小屋の亭主の道に入ったわけで

ある。

山小屋の亭主。それは、長い間、嶋が抱き続けた〝運命〟だった。

初雪が降って間もない初冬のある日、私は嶋について、山小屋への道を歩いていた。サラサラとした雪が一面をおおいつくし、陽光に輝いている。

「きょうは風がなくて、珍らしいほどの上天気。けど、夜はきっと冷えこむよ」

嶋がふと立ち止まり、陽光にまぶしそうに目を細めた。吐く息が、白い。

嶋が再び歩き出す。坊主頭のずんぐりした躰軀《たいく》、嶋のうしろ姿は、やはり〝山の歌〟をうたっているように、私には思えるのだった。

山にあるものは、すべて嶋の心のなかで〝歌〟になった。森、林、樹林、枯木、風も雪も、テンやタヌキ、キツネやウサギもそうだし、彼らの足跡さえ山のメロディを運んできた。楽しいというより、嶋はそれらのなかに山で生きる自分の生を見、山の言葉を聞いていたのかもしれなかった。それは、都会《まち》の登山者が山に登って、ふと耳にする自然のささやきとはちがい、山で生きることを厳しく語りかける天の言葉といってもよかった。

「タヌキの親子がね、この近くに棲んでるんです。ウチの隣人ですよ。小屋に客があるかどうかちゃんと知っていて、だれもいないときには表敬訪問さえしない」

そういう嶋だが、実はタヌキがどこに棲んでいるのかは知らない。巣穴をさがそうという人もあるが、嶋は即座に首を横に振る。

「だって、ムリヤリ他人の家をさがして、暮らしをこわすことないでしょう」

嶋はそういって微笑する。

オレもこの山の住人なら、タヌキだってこの山の住人。だから隣の住人にわざわざ迷惑かけることはないではないか。タヌキは残飯をあさって餌にありつき、オレたちは、タヌキの愛嬌ある姿を見て喜び、心なごませる。それが山では〝隣人関係〟のバランスを保つことになるというのを、嶋は無意識ながら知っているのである。それは嶋の心のなかにある、自然に対する畏敬から出てくる思いにちがいない。

餌をあさりに出てくるタヌキの姿さえ、嶋には〝山の歌〟に思えるのだ……。


東京は浅草の生まれである。

家業は浅草のど真ん中でやっていた八百屋。男女九人兄弟の七番目のセガレである。大都会のど真ん中の生まれだから、もちろん〝山〟の環境は皆無。

「ボクは約四十年、浅草で暮らしていたから、今でも浅草は好きでネ。たまに東京に

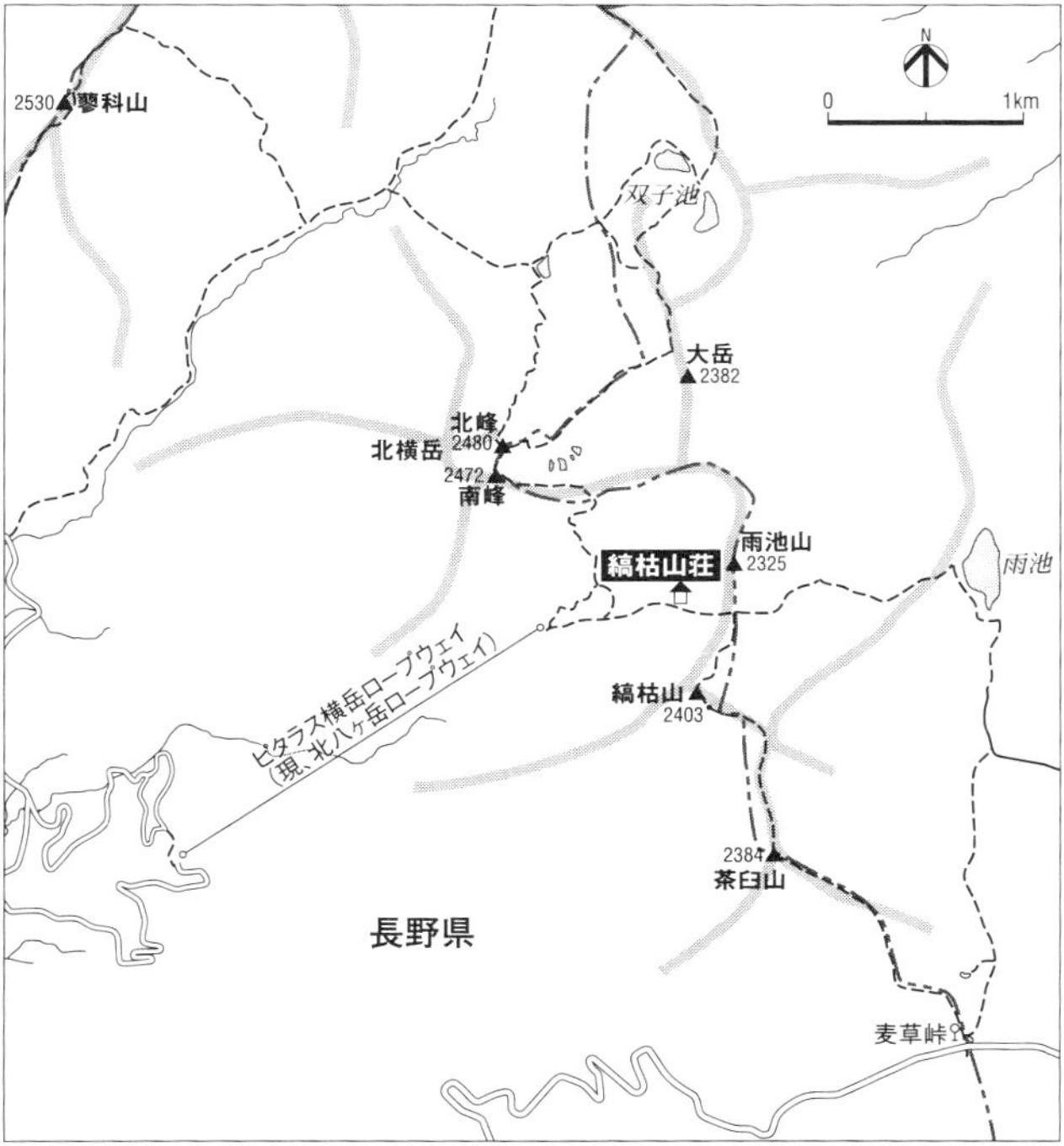

N
0
1km
2530
蓼科山
双子池
大岳
2382
北峰
2480
北横岳
2472
南峰
雨池山
2325
雨池
縞枯山荘
ピタラス横岳ロープウェイ
(現、北八ヶ岳ロープウェイ)
縞枯山
2403
2384
茶臼山
長野県
麦草峠

出たりすると、必ずブラリと浅草を歩いてくる。人とは会わないんだけど。歩いてはくるけど、再びそこに住もうとは思わないんだよネ」

生まれ育った土地にいても、無意識ながら早く山に帰りたがっている自分を発見するのだという。

それはともかく、嶋は十五歳のある日、突然、家業を引き継ぐことになる。父親が急死したのである。だが、事情はどうであれ、十五歳といえばまだ中学生である。少年にとっては大役である。

しかし、嶋にとって幸いだったのは、幼いころから父親について、仕入れや行商に歩いていたことだった。

「四歳のころにオレは居酒屋に出入りしてたものさ」

いって豪快に笑うと、嶋は自らの似顔絵を描いたステンレス製のマグカップの酒をグイと呷《あお》った。

早朝、仕入れを終わった父親《オヤジ》は、居酒屋で一杯やるのが楽しみだった。四歳のセガレはそれがあたりまえとでもいうように父親についていき、カウンターの止まり木にポツリと座る。うまそうにキュッとコップ酒をあける幸せそうな父親の顔を見ているのが楽しかった。四歳という年齢を忘れ、何やら大人の仲間入りをしたような気になり、父親が手洗いに立ったすきに、ちょろりとコップ酒を舐めてみることもあった。

だが、それにしても、少年にとっては大役であった。八百屋といっても店舗があるわけではなかったから、大八車をひいて行商して歩くのである。しかも嶋の姿ときたら、学生帽をかぶり、学生服を着たまま。外見では屈託のない明るさに見えたが、心のなかでは、

「オレは日本一の八百屋になるのだ！」

との志に燃えているのだった。

「それにもうひとつ、将来の希望として、プロ野球の選手になろうと思ってたネ」

野球は大好きだったし、素質もあったのだろう。今戸中学時代はピッチャーで四番打者の花形選手であり、小石川工業高校（定時制）に進んでからも、野球部のキャプテンとして活躍している。

だからこのころの嶋の人生のなかには、山のヤの字の環境も見あたらない。

嶋に山の魅力を植えつけたのは、一人の友人との出会いである。

小石川工業高校時代の友人に、山岳部のキャプテンをやっていた穂刈がいた。穂刈とは現在でも交遊が続いている無二の親友だが、最初に知り合ったのは、〝山〟を仲介にしたわけではなかった。ウマが合ったのである。

いつだったか、その穂刈が、何を思ったのか山へ誘ったことがある。丹沢へ行こうというのだ。

丹沢の名ぐらいは知っていたが、一度も行ったことはなかった。山に興味がなかったというより、家業と学校が忙しく、野球のほかに趣味をやる余裕がなかったこともある。が、嶋はふたつ返事で、

「よし、行こう!」

と答えていた。穂刈の山の話が何やら面白そうに思えたこともあったし、面白そうだと考えたことを、即座に行動に移すのは生まれつきであるらしい。

自然とふれあうとか、自然を求めるとか、嶋にはそんな精神の高揚を求める気持ちはなかったが、理屈抜きで山の面白さにとりつかれた。

「昔、魚屋は二の日が休みで、八百屋は五の日が休みでネ。ウチも五の日が休みだったけど、初めての丹沢以降、五の日はボクにとっては山に行く日になったヨ」

なぜそうなったのかは嶋自身にも詳《つまび》らかにはわからない。しかし、何度かの山行を重ねるうちに、面白いのを通り越して〝山〟が頭から離れなくなっているのを、ある日、嶋は発見して、ガク然とする。

あの山はよかったとか、こんな山に登りたいというような思いではない。

「山は自分で挑戦して、それが自分に返ってくる。しかも、その挑戦をいくらでも受けいれてくれる。それがわかったとき、畏《おそ》れもしたし、ますます〝山〟にのめりこんでいく自分がわかったネ」

二十八歳のある日、仲間と富士山に登ったことがあった。当時所属していた小石川山岳会でやった十一月の訓練山行である。

その帰路、電車のなかで、将来は何をやるか、という話になった。嶋の番になったとき、グループの一人が、

「嶋クンはやっぱり八百屋だろうナ」

といった。嶋も心のなかでは、日本一の八百屋になると思ったものの、口をついて出たのは、

「オレ、きっと山小屋やってンじゃないかと思うヨ……」

という言葉だった。深く考えていたことでもなく、今までに思ってみたこともなかったが、自分でも意外なほと、その思いが言葉になって出ていた。

驚いたのは、いあわせたグループの仲間たちである。当然仲間のなかには、嶋よりずっと経験も豊富で、山を知りつくしている者もいる。そんな彼らが口を合わせたよ

うに、

「……夢にしては面白いけれど、しかし、実際にやるのは大変だナ」

否定的にいうのだった。

思いつき同然に口にした話ではあったが、それから間もなく、嶋は、

「オレは五十歳になったら、自分の山小屋を建てる」

と考えるようになる。五十歳まで、しっかりと働き、山小屋を建てるカネを、ガッチリ貯めようと思ったのである。

しかし、それは〝自分だけの夢〟であってはならなかった。嶋にはヨウ子という妻がいる。同じ山仲間ではあったが、趣味が一致しているからといって、将来の夢までも同じであるとは限らない。山仲間たちが否定的な意見を吐いたように、ヨウ子とて断固反対するかもしれないのである。

だが、案ずるより産むがやすしの言葉のとおり、ヨウ子は、

「おカネ、かかるわねえ……」

といいながらも、

「すばらしいことだから、私も協力するわ」

と答えたのだった。

嶋の山小屋の亭主への第一歩は、この日から始まったといってもいい。

ヨウ子にいわれるまでもなく、山小屋を持つにはカネがいる。その資金をいかにしてつくるか……。

嶋がやろうとしたのは、ビルを建てることだった。このまま八百屋の行商をやっていても、稼ぐカネはたかが知れている。それならいっそのこと借金をしてでもビルを建てて八百屋をやり、借金を返し終わったところで売ればカネができる。さらには、当時、ビルの八百屋などは例がなかったから、日本一の八百屋になる、との夢も実現できるのではないか。嶋はそう考えたのである。

考えがまとまれば、行動に移すのは早い。

嶋は三十歳の時にビルを建てた。一階が店舗、二階を居間、三階は子供部屋で、四階はワンフロアの客間。特に四階はいつでも山の仲間が出入りし、さながら山屋の溜まり場の観があった。

「このビルを建てるのに、当時で千五百万円。ボクは銀行の借金が終わるまで、七年間ここで八百屋をやってた」

ビルのなかの八百屋のオヤジは、キャベツや玉ネギを売りながら〝山の歌〟をうたい続けていた。いや、実際に、四十八週連続して山へ行ったのもこのころのことである。

銀行のローンが終わると、構想どおりビルを売った。店を閉じて約一カ月、嶋は山小屋を建てる場所さがしを兼ねて、山を歩いた。

「ボクの希望としては上越の谷川岳あたりに建てようと思ってた。特に、万太郎谷の出合あたりなんかがいいナって……」

さがしてはみたが、どれももうひとつピタリとこない。小屋を建てるには不向きな土地であったり、条件が合わなかったりで、これ、という場所が見つからないのだ。だが、嶋はあせらなかった。もちろん後悔などするわけもない。長い人生なんだから、急いだってしかたないサ、とでもいうように、嶋は心のなかで〝山の歌〟をうたっていたのだった。

縞枯山荘を手に入れるのは、それから数年後のことだが、それまでのあいだ、嶋はパン屋に勤めたことがある。

「パン屋から営業兼製造で来ないかと誘われたんだが、ボクは山小屋をやるにあたって、ちょっと考えていたことがあったんです」

と嶋。考えていたというより、それはむしろ気になっていたことといったほうがいいかもしれない。つまり、中学の時から、いきなり八百屋をとりしきることになり、ずっとその生活を続けてきた嶋には、使われる身となった経験が皆無だった。

「山小屋をやるとすれば、当然他人を使うことになる。とすれば、オレ自身がそんな経験をしておいてもいいのではないか、そう思ったんです」

結局、四年間、パン屋でサラリーマンをやることになる。その経験がムダではなかったと嶋が身を持って痛感するのは、縞枯山荘の亭主となってさらに数年後、〝不動明王のゲンコツ〟と呼ぶ、痛烈な体験をしてからのことだ。


一九七九年のある日、嶋は山仲間の口コミで、長野県の縞枯山荘が売りに出ているとの情報を得る。

縞枯山荘へは、一九六六年の初夏のころに、まだ幼かった息子を連れて泊まったことがあった。そのころはまだ建ったばかりだったから新築同様で気分がよかったが、売りに出ていた当時の山荘、実は山屋のあいだではあまり評判がよくなかった。

「あの山小屋には泊まるなってのが山屋の合言葉みたくなっててネ、だから正直なところボクは迷ったネ」

と当時をふりかえる。迷いながらも、嶋には妙な自信のようなものがあった。これまでオレの人生は順調だったではないか、という自信である。ことに〝山〟に関してはトラブルどころか、うまくいかなかったためしがない。〝オレには不動明王がついてるンだ〟と半ば本気で思うほど、山にまつわる人生はことごとく順風満帆、何をやっても思いどおりにきていたのである。

だからこの話が舞いこんだのもきっと何かの縁、きっと山小屋の亭主への道がうまくいくための前兆にちがいない、と思えた。

「もしも商売本位でやろうと思ってたのならボクは決して買わなかった。山小屋の亭主になるってのはボクの人生だった。しかも、きっとうまくいくんだって、頭から信じてましたからね。しかし、山荘を買って、手入れと下見を兼ねて山荘へ行ったときはやっぱりびっくりしたヨ」

と嶋はランプの灯の下で苦笑した。

山荘に一歩踏みこんだ途端、嶋とヨウ子は言葉もなく立ちつくしてしまった。いつか見たあの新しい山荘の面影などカケラもなかった。それどころか、部屋という部屋はワタボコリの山。しかも、部屋の隅に積んである布団はボロ綿がはみ出し、コチコチに凍っているではないか。

ふつうならこれほど惨憺《さんたん》たる状態を目にした途端、後悔と慚愧《ざんき》の念に襲われても当然のところだが、嶋は嘆くどころか、激しい闘争心をさえ、わかせたのである。

失敗なんかするものかという無意識の自信。〝不動明王の自信〟とでもいうような力を、嶋は感じていた。絶望の淵にあった山荘を、買いとった翌年の一九八〇年にはみごとに甦らせることができたのも、そんな自信ゆえといってもいいにちがいない。

だが、その数年後、嶋はそんな〝自信〟が無意識ながら、己の傲慢と驕《おご》りの上に築かれていた砂上の幻影だったことを痛感することになる。

その〝告白〟をする嶋の瞳は、雪原を照らし出す月の光のように蒼く澄み、あまりにも深くて私にはさぐりようがなかった。


気がついた時には、ベッドに寝かされていた。消毒液のにおいが漂っているから病院であるらしい……。だが、なんでオレがこんなところに寝かされているのか？

気がついた瞬間から、嶋は奇妙な気がしていた。しかし、意識がもどるにつれ、昨夜の〝事故〟がまざまざと甦ってくる。

「事故だったんですヨ。それも泥酔運転。どうしようもないナ……」

前夜、嶋は松本に住む友人宅を訪ね、酒を呑んだ。帰る時になって、友人が運転はムリだから泊まっていけ、といってくれたが、嶋は押しきってハンドルを握った。

事故は、自宅の数百メートル手前でおこった。アッと思った時には道端の山土にぶつかり、さらには反対側の標識をなぎ倒して暴走。命があったのが不思議なぐらいだった。せめてもの救いは、現場が山のなかであり、深夜だったこと。もし町のなかで、交通量の多い所だったら、他車をもまきこんで大惨事になっていたかもしれない。集中治療室に入れられ、頭を数針縫い、片方の目にはガラスの破片がささり、失明とまでいわれる重症だった。

朦朧とした意識のなかで、嶋はふと〝天の声〟を聞いたように思った。

「オレは山に関するかぎり、ずっと順調にやってきた。だからオレには自信があったし、オレがやることにまちがいはないって思ってたんだ。けれど、その自信、どこか自分の気づかないところで驕りになってたんだネ」

一瞬、不動明王の怒りの顔が浮かんだ。

「この時オレは気がついたネ。この事故、不動明王のゲンコツなんだって。痛いゲンコツだったけど、オレはいちばん大事なものを忘れてたナって気がついて……」

開荘間もない五月のゴールデン・ウィークのころ、一人の遭難者が運びこまれたことがある。嶋がまだまったくの新米亭主で、ランプの灯のつけ方がやっとわかったころだ。

遭難者救助の経験もなければ医療知識もほとんどなかった。遭難者は顔面蒼白、ザックリと肉が裂けて、大ケガであることはひと目でわかる。が、嶋は焼酎を口に含み、プーッと傷口に吹きかけた。

「ナンダ、これぐらいのケガで！」

と怒鳴ったようにも思う。手当ての方法がまちがっているか、処置がちがうかなど考えてもみなかった。自分のやることは正しいのだと、無意識に考えることしかしなかった。

「今なら応急手当てをして、すぐに下におろすけど、当時は考えもしなかった。自分を中心に物事を考えていたのサ」

嶋は自嘲するように、アハハと笑った。そして、ふと遠くを見るようなまなざしで、

「そういう生き方がちょっとちがうんじゃないか、と山が教えてくれたような気がしてね……」

と呟く。山はどれほどの難題を持って挑戦しても、それを受け入れてくれる。寛容ではあるのだが、ただこちらが山をナメたり、甘く見たりしてかかると、キッチリとその結果が自分にはね返ってくる。

「そんなことはいわれなくたって誰でもわかってると思うでしょう。オレもそうだっ

た。けど、それはちがうんだヨ……」

私は嶋がいおうとすることの言葉をさがそうとした。謙虚、謙譲、謙遜、非驕慢……どれもがそうだと思えたし、どれもがちがうとも思えた。

嶋が体験し、ふと気づいた〝不動明王のゲンコツ〟は、どんな言葉でもふっとんでしまうほど、深くて縹緲《ひょうびょう》とした淵にあり、手が届かなかった。

「ただひとつ具体的にいえるのは、ゲンコツ喰う前のオレは、とにかく怒鳴ってた。この山小屋だって、何もかもがオレの思うとおりになっていなければ気に入らなかった。でもあれ以来、それはちがうんじゃないかって思うようになってね」

山に住むようになって、嶋は以前よりもっと多く、はっきり〝山の歌〟を心のなかでうたうようになった。

「オレ、山小屋の亭主になってなかったら、きっとそんなこと、気づかずに生きたかもしれない……」

ポツリと窓の外に目を向けて嶋が呟いた。

月が出ていた。

渋い月の光は、山を蒼色に染め、何かを無言で語りかけてくるようだった。山小屋に入り、この風景を眺めてきた嶋は、これからもこの山小屋に住み、山を眺めながら、人生の対話をして生きていくにちがいない。
山小屋は、嶋の人生そのものなのだ。私はふとそう思ってみた。
吐く息が、白かった。

イワナの養殖師

池田留雄〔滋賀〕

他の釣り人より、少しばかりイワナに惚れ込む気持ちが強かったために、職を抛ってまでとてつもない夢を描いてしまった。

滋賀県神崎郡永源寺町（現・東近江市）は秋には紅葉を求める観光客で賑わい、刺身蒟蒻《こんにゃく》、政所《まんどころ》茶の産地としても知られるところである。町名の由来は臨済宗の永源寺からきたものと思われるが、寺の傍らには鈴鹿山脈から湧き落ちる水を源とする愛知《えち》川が流れている。

ここまでは観光地の顔であるが、永源寺を過ぎると途端に山間の田園風景となる。愛知川に沿ってさらに山道を行くと、突然巨大な永源寺ダムが現われる。それからさらに車で小半時行くと、やっと杠葉尾《ゆずりお》という小さな村にたどり着く。標高四百メートルほどの、溜息のひとつも出そうな小さな村である。冬には一メートル以上の積雪があるというし、行政上はいまだに僻地だとされるが、この山奥の村で一人の男の〝夢〟が黙もくと生きていると知らされて、コンクリートのジャングルで暮らす私の中に、ちょっと動かされる何かがあった。

池田留雄はこの小さな村で十余年イワナの養殖を続けている。

私は小学生のころに〝遊び〟で始めた渓流釣りを三十の坂を越えた今も続けている。遠方へ釣行する機会も多くなり、釣りの腕も少しはあがったものと自惚《うぬぼ》れてはいるが、坊主の日も多く、ただうなだれて帰ってくることが多いのは、渓流が荒れて棲む魚が少なくなったからだ、ということにしておく。

私だけでなく、たいていの釣り人は〝渓《タニ》ノ魚ガ少ナクナッタ〟と実感し、坊主になるのはそのせいサということで終わらせてしまうのだが、池田はちょっとちがうことを考えたのである。いや池田もイワナの養殖をはじめるまでは杉や檜を扱う材木商を生業《なりわい》とするごく普通の釣り人であった。ただ、他の釣り人より少しばかりイワナに惚れこむ気持ちが強く、固執していたということはできるかもしれない。釣行のたびにイワナが釣れにくくなり、その数が減っていることを実感した池田は、ある時、

「何とかイワナを増やすことはできないものだろうか」

と考え、あっちの岩影、こっちの瀬にイワナの姿が見えるようになったら……養殖

すればできるかもしれない、と夢のようなことを思ってみるのだった。

イワナは極度な〝人間嫌い〟である。だからちょっとぐらいのウデがあっても釣りにくい魚であったし、養殖などトテモトテモ不可能ということが常識とされてきた。釣りにくいから釣ってみようと熱をあげるのは人情だと思われるが、困難と知りながら育てようとするのは、ある意味で常軌を逸している。池田は職を抛《なげう》って養殖をはじめたのである。

イワナの養殖がどれほど難しいかということは池田も知っていた。その池田がなぜイワナの養殖を選んだのか。小学生の時から釣りに狂ってきた私は池田の心情に惹かれた。

池田の養魚場は愛知川の支流、須谷川沿いの薄暗い道を登ったところにあった。人間嫌いのイワナが川の水をひきこんだ池の中で群れている。激減して〝幻〟とまで囁かれるようになったイワナがウヨウヨといるのである。一度の釣行で四、五尾鉤にかかれば「ヨク釣レタ！」と思うことにしている私にとって、それはちょっと息を呑む光景だった。

採卵の日の午前。池田の息子の則之が養魚場の魚たちに餌を与えていた。ニジマスなどは池畔を歩いても悠然としているが、イワナは人影が映ると、サッと四方へ散っ

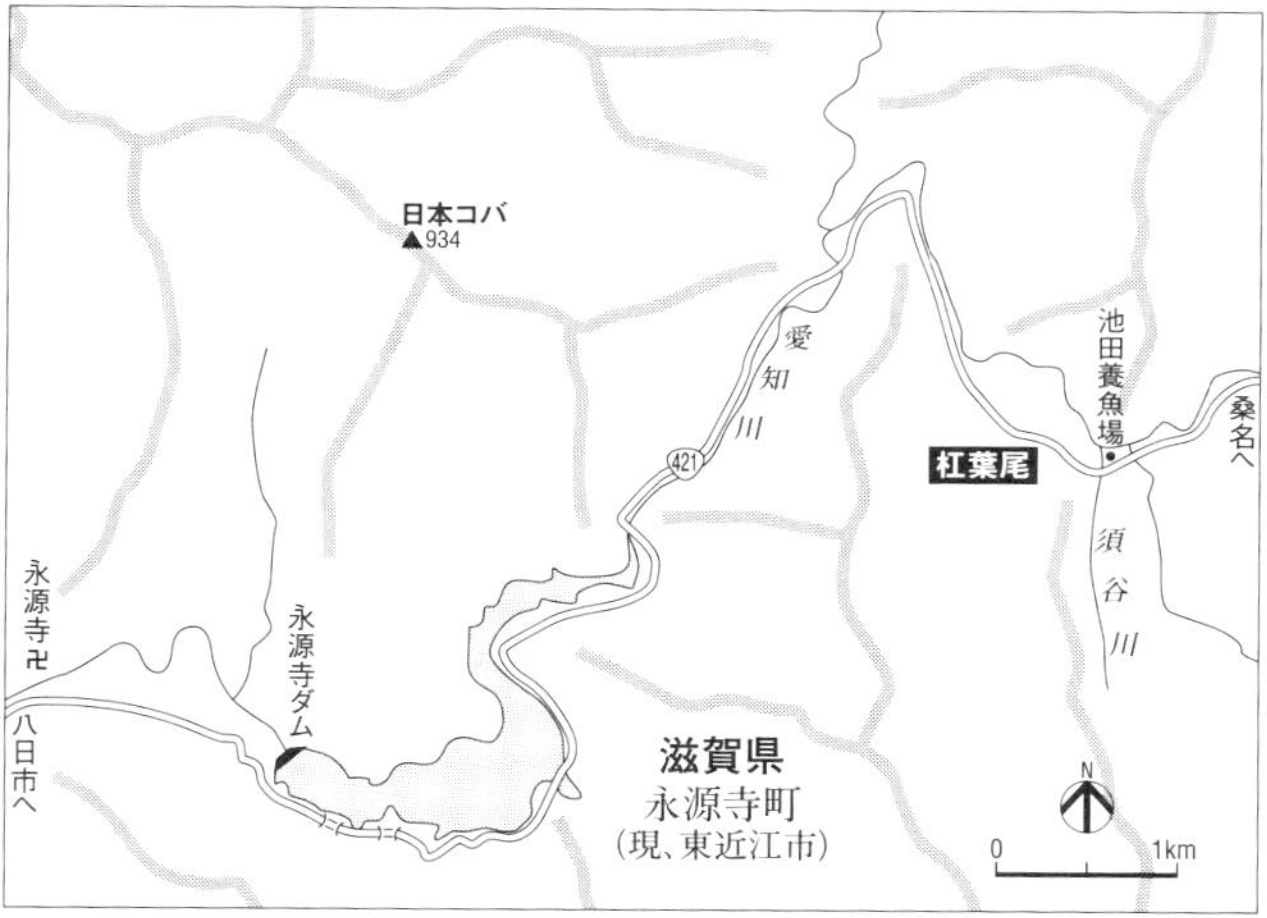

日本コバ
934
愛知川
421
池田養魚場
杠葉尾
桑名へ
須谷川
永源寺
八日市へ
永源寺ダム
滋賀県
永源寺町
(現、東近江市)
N
0
1km

たのはさすがであった。

池田が養魚場へ姿を見せたのは採卵が始まるころであった。作業ズボンにゴム長、コットンシャツにジャンパーを羽織り、登山帽という姿である。目が合うと、

「……」

ちょっと頷き、私は、

「あ……」

といった。

「きょうはちょっと歯が痛うてネ」

いつもより養魚場へくる時間が遅かったのである。細く、小さい目は鋭いが何ともいえない心根のやさしさが漂っている。池田は勢いよく火の燃える石油ストーブの前で煖をとりながら、

「イワナ、ネエ……イワナと酒いうと、これはまず骨酒《こつざけ》になりますナ。私も酒は好きでネ、よくやりますけど、骨酒は酒を呑めん人でも呑めるからネ。酒に風味をつけるちゅうか、コクが出て」

どうしてこれほど穏やかな表情が生まれるのだろう。そう思いたくなる〝顔〟である。この人物に育てられるイワナとはどんなイワナなのだろうか。話しているうちに、

私は池田と、彼に育てられるイワナたちのドラマを書いてみたいと考えはじめていた。

蜃気楼のようにはかない希望。けれども池田にはどうしてもこの蜃気楼をあきらめることができなかった。釣りの知識、技術はあっても、養殖の知識や技術など池田には皆無に等しかった。そうではありながらなお、この蜃気楼は池田を惹きつけたのである。

池田が抱いたこの〝夢〟に最初に賛成したのは妻の末枝《まつえ》である。賛成したというより、黙って従ったというべきかもしれない。なぜなら末枝には養殖の知識どころか、イワナの知識さえないと同じだったからである。池田が趣味としてイワナを釣っていたころ、それを塩焼きするぐらいのことは知っていたが、末枝にそれ以上の知識はなかった。だから、養殖するといわれてもどんなことをするのかまったく見当もつかなかった。

もちろん、不安がなかったわけではない。けれども、安定して生活を抛ってまでやろうとする池田の姿を前にしては何もいう言葉がなかった。

「おとうさん、やってみたら……」

末枝はその言葉をやっとの思いで口にしたのだが、希望があるわけではなかった。

「生活を賭ける、これがなかったらイワナはダメだったかもしれん……」

池田はそういうが、その考えは今も変わっていない。池田にとっても、絶対の自信があったわけではない。釣ることから育てることに〝本業〟をかえた池田にとって、頼れるのは経験だけである。養殖の経験ではなく、イワナについての〝経験〟である。イワナが好きだという、たったそれだけのことに池田は一縷《いちる》の希望をつないでいたのではなかったろうか。

「イワナちゅうやつはネ、ほんまに可愛らしいやつですワ」

目を細め、

「絶対にこっちにはなれよらんけど……」

そんなイワナを育て続けた池田に、私は何やら執念と思われるようなものを感じた。数は少なかったが成功している養魚場があると聞くと、遠方であろうが何であろうが池田はとにかくマメに〝実地見聞〟に出かけた。信州や能登あたりまで出かけていったこともある。しかし、結局、池田が得た方法は、自分の〝経験〟をもとにしてやっていくしか他に方法はないということであった。

しかし、いつまでたってもイワナは池田になれようとしなかった。素ぶりも気配もなかった。

イワナの〝人間嫌い〟を池田がまざまざと見せつけられた話がある。与えた餌を食べないのである。

魚釣りにはどんな釣りにも釣り人の知恵と経験、汗と涙の中から生まれたような格言というか教訓というか、ズバリ核心を突いた絶妙の言葉がある。イワナ釣りには〝石を釣れ！〟という言葉のほか、〝餌採り二時間、釣り一時間〟という言葉がある。つまり、餌を選べということである。生イクラ、鬼チョロ、クロカワ虫、ブドウ虫、イタドリ虫、ハチノ仔、蜘蛛、トンボ、ミミズ……。何を喰わすかということは釣り人の最大の関心事のひとつである。何を喰わすか、それが問題だ。

ところが、イワナは繊細、微妙、敏感、敏捷、極細の神経の持主ではあるが、蛙、小魚、蜥蜴《とかげ》、蟹、蛇、果ては釣り人のウェーダーについた赤いマークにまで喰いつくという悪食家。臆病にして大胆、獰猛《どうもう》なくせに警戒心の強い魚なのである。池田の養魚場でも、たまたま這い出てきた蛙や蜥蜴が気まぐれにポチャンと池に落ちると、ワッと飛びつくイワナがいる。

だが、賢明な読者諸兄はすでにお気づきかと思うが、これはあくまでも目クジラ立てて釣る側のお話。すべて生きた餌である。六ケタにもなるイワナに、いちいち生き餌を与えるということは物理的に不可能である。需要と供給のバランスを保つにはどうしても人工の餌に頼らざるを得ない。イワナはこれを頑として受けつけないのである。どんなふうに宥《なだ》めようが賺《す》かそうが、ダメ。これは想像をはるかに超えた困難さであった。池田は自然の驚異を見せつけられたような気がして言葉がなかった。残されたのは、我慢だけ。

「それでも喰うならまだよろしい、喰わんのです。見向きもしよらん。痩せ細ってガリガリになっても喰わんと、ジッと我慢してるんです」

我慢しきれなくなってシブシブ食べるということは絶対にない。この〝突っ張り〟のために、せっかく孵化したイワナも、採食を拒否したまま、ほとんどが餓死してしまった。飢えて共喰いするということもなく、執拗に拒否して死んでいくのである。頑強に、野性を守り抜くとでもいうように、飢えて死んでいくイワナたち……。池田はその姿に崇高な生きざまを見たような気がして、滂沱《ぼうだ》の涙を流した。

現実はあまりにも無残であった。

養殖の方法には稚魚から養殖するものと、採卵した卵から孵化させ、成長させるケースがある。前者のケースはハマチの養殖などでよくご存知のことと思うが、池田の場合は卵からである。卵はすべて〝池田イワナ〟から採卵される。最初の時、池田は採卵のために約百五十尾の天然イワナを釣ってきた。

抱卵し、熟したメスの腹をしぼると黄金の粒がほとばしるが、この作業は一尾一尾の腹を手でしぼる以外に方法はない。見ているだけだと何でもないように思われるがナカナカ、コツがあるようである。ちなみに、イワナは秋の終わりから冬の初めにかけてが産卵期である。だからこの自然の法則に従って、同じ時期に採卵される。一尾で約六百から七百の卵が採れるが、もちろんそれがすべて孵化するわけではない。

池田はふいに立ち止まり、

「あそこ……」

ニコリと笑い、私は、

「……？」

「ほれ、産卵してるのがおりますワ」

池の中を指す。見ると砂利底にジッと躰を沈めて一尾だけ群から外れているイワナがいる。自然の産卵を天が命ずるままに挑戦するのもいるのである。

採卵された卵はオスの精子がかけられ、孵化器に入れられる。見たところどうということのない木箱だが、池田が経験から苦心して生み出した〝秘密兵器〟である。〝湧き水〟が絶えないように工夫されている。

孵化場は池から少し離れたところにある小屋だが、川水がひきこまれている。

「冷たそう。イワナは冷水に生きる……」

私がいうと、池田はちょっと指先を水につけ、

「九度か十度やナ、ちょっと温かめです」

温度計を見ると十度であった。池田は温度計を見なくても水温がほとんどまちがいなくわかるようになったという。

「水の流れを絶やさんことと水温ネ。これは大事なことなんです」

孵化器の中には数段になった目の細かい網が重ねられ、その一段一段にビッシリと黄金の粒が埋まっている。が、よく見ると中には白濁したのがまじっている。死卵である。死卵はすぐにとり除かなければならない。なぜなら、死卵が出ると腐ったりして他の卵へ影響が出るからである。

この卵が孵化するのは一月、二月ごろ。最も寒のきつい季節である。養魚場が深く雪に閉ざされているころなのだが、いくら大雪に見舞われても、一時の油断も許されないのである。

「秘密がありそうだナ」

私がいう。

「マ、ない！　といっておきましょうか」

温和な目をやわらげ、池田はフッフッと笑った。


小屋は二つあって、もうひとつの小屋は餌づけのための小屋である。餌づけ。それは孵化したイワナを一人前にできるかどうかの最大のヤマ場である。そのために池田は、〝餌づけ箱〟を考え出した。見ると何の変哲もないただの凹型の木箱だと思われるが、餌の与え方が他の魚にはないものであるだけに、苦心して考え出したものである。その箱には、「何とか食べてくれ」という池田の願いがこめられているのだと思いたい。が、その餌づけ箱があっても難なく人工餌に喰いついてくれるわけではない。

「我慢、やナ……」

池田は呟き、

「それしかないワ。待つよりテがない」

一尾でも食べてくれれば、それにつられて食べる魚が出てくるのだ。そうなるとシメたものである。孵化した時の喜びもさりながら、餌づけが成功する率が高ければ高いほど喜びも大きいと池田はいう。けれども我慢の甲斐なく、待てど暮らせどついに与えた餌を口にしようとしないやつもいる。そういう稚魚を待つ運命は餓死しか残されていない。池田はそんなイワナを見るたびに、「せっかくこの世に生まれてきたのに」と思い、「死んでいく魚を何とか助けることができないものか」と、心を痛めた。死んでいく魚をむざむざと見捨てることがどうしてもできなかったのである。

「そういうヤツはネ、川に放してやるんですワ。あとは自然の餌を食べて、運がよければ自分の力で生きのびる……」

生きのびるか否かは天の運命《さだめ》に委《まか》される。彼らは池田のところに釣行にくる常連の釣り人たちの手に託されて、全国の本流、支流、枝流、源流、谷川、沢、名のある川、名のない川へと運ばれていく。イワナを提供する池田にも、放流する釣り人にも、〝達者でナ！〟という心やさしい心情が流れている。人工餌を食べるイワナも食べないイワナも、池田にとっては〝可愛いヤツ〟なのだと思われる。だから、養魚場のイワナがどんどん育っていくことの喜びと同様、「○○《どこそこ》に放流したイワナが大きく育ち、数も増えていた」という報告を聞く時、池田は言葉にできない喜びと感動を覚えるという。

最初のころ、孵化させて餌づけに成功したのは十パーセントでしかなかった。

「ニジマスは八十パーセント、ですか」

私がいうと、池田は軽く頷き、

「フトコロに入る分は少なくても、イワナにはそれ以上のものがありますわいナ！」

池田は養魚場の傍らで川魚の大衆食堂を経営しているが、その壁には〝池田イワナ〟が放流された川を示す地図が貼られている。放流地点には赤インキで×印がつけられているが、その数は川の数より多い。

「ずいぶん多い」

私が驚くと、

「マ、全国に広げるのが夢やけどネ」

何でもないというふうにいってのけた。

もちろんこの放流は池田の〝夢を賭しての善意〟であり、営利を目的とするものではない。

池田が限りない愛情とやさしさをこめ、天にかわってこの世に生命を授けたイワナたち……。彼らのうち、頑強に自然を恋い、餓死への道しか残されなかったイワナたちは、夢を抱いた釣り人の手によって自然の川へ帰される。そして再び彼らは何者かの手によって釣り上げられる。

ロマンと呼ぶには、あまりにはかない現実である。

我慢にも限度がある。池田もこれまでに何度この仕事を放り出そうと考えたかしれない。だがそれは嫌気がさしたり、我慢の緒が切れたからではない。断念しなければならないほど逼迫した危険が何度かあったということである。

中でも最大の危機だったと池田がいうのは一九七一年と七二年に連続して台風に襲われた時である。台風のために増水した川水が養魚場に押し寄せ、流された枯枝、枯葉、瓦礫、石などが流水口を塞ぎ、イワナは酸欠状態に陥ったのである。台風が去ったあと、養魚場には苦労して育ててきたイワナが白い腹を見せて屍姿を晒していた。池の水面はその白さで埋められていた。自然がもたらした殺戮《さつりく》。想像を絶する修羅場。目を覆いたくなるような光景であった。

〝池田イワナ〟はほぼ全滅にちかかった。

「もうこれはいかん、どうしようもない。やっていけんようになる」

すでに池田の資力も限界にきていた。池田は目前の光景を見ながら下降した。が、そんな池田を力づけたのは〝常連客〟だった。彼らは台風が過ぎたあと、池田とそのイワナたちを気遣って、見舞いにやってきた。彼らにとっても現状はあまりに悲惨であった。何とかしたい、それは誰もが感じたことではあったが、彼らにできることといってもタカが知れている。肉、野菜、果物などの〝食糧〟を運んだり、中には資金協力を申し出てくれる者もいた。しかしその〝タカが知れた〟ことが、池田にとっては心に滲みることであった。

「こりゃ、やらなあかん！」

池田は再起に賭けた。と同時に、

「持つべきものは友達や……！」

強く自分の中にその言葉を刻みこんだ。

末枝はそんな池田をどんな気持ちで見てきたのだろうか。

「何度別れて里へ帰らせてもらおう、と思ったか知れないです」

そうは思いながら、しかしそれは一度も口に出していうことがなかった。

須谷川は普段は穏やかな、枝流を思わせる小さな川だが、いったん水が出ると、激流に豹変する。濁流が迸《ほとばし》る。橋が流れる。轟音を立てて巨岩が転がる。そんな夜でも池田はカッパを着ただけで何度も流水口に滞まる障害物を攫《さら》いに嵐の中へ出ていった。天災の恐怖より、イワナの生命を守ってやりたいという気持ちのほうが強いのだと思われる。そんなにまで執拗にイワナに固執する池田の姿を見ると、末枝はついに何ひとついい出すことができなかった、と〝昔話〟をしながら瞳をうるませる。

末枝は都会風のあか抜けた〝感じのいい〟女である。彼女はいま養魚場の傍らにある大衆食堂をとりしきっているが、そのために彼女は料理学校に通うこともなく、苦労を承知で独学で調理師の免許を取った。ちなみに、そのメニューを見ると、やはりイワナが主体であった。イワナ骨酒、カラ揚げ、刺身、汁物、鍋物、エトセトラ、エトセトラ。池田が愛情をこめて育てたイワナは末枝の手で愛情をこめて調理される。料理を食べにきた客が、「釣りは初めてだけど釣らしてほしい」といい出すことがある。こんな時、末枝はアレコレ〝指導〟する。イワナのことどころか釣りのことなど何も知らなかった末枝が、仕掛けや餌のことを教えるまでになっている。

養魚場の水面が一瞬、乱れた。

「元気ですやろ」

ポツリと呟く。そういう池田の目は、やさしさ、愛情……いやそんな甘ったるい言葉ではいえない〝執念〟のようなものが漂っている。たとえば、どこか躰の具合が悪い時でもイワナの世話にかかり出すと痛さも苦しさも忘れてしまうという。

「そんなもんですか……」

「そんなもんや、それでないとできん！」

〝池田イワナ〟は何代もかわったが、しかしどんなに代がかわっても、彼らは野性を失うところがなかった。

「それがまァ、イワナの可愛いとこでもあるんですけどナ」

ニコリと目が笑った。

突然、イワナが水面を翔んだ。

すばらしい跳躍。言葉のない感動。

その感動が忘れられず、後日、私はまた山へ入った。陽がのぼるころから陽が沈むまで、たっぷりと渓流を歩いた。疲れが重くたまり、それでもあの感動だけは残っていた。

修験者の宿坊守

五鬼助義价〔奈良〕

千年の歴史を秘めた修験者の山にひとり住む、小仲坊の宿坊守は、役小角に戒められ、ここに住みついた鬼の裔だった。

山へ入る。

紀伊半島を南北に縦走する大峯《おおみね》山脈。〝近畿の屋根〟といわれるほど広くて高く、深くて遠い山ではあるが、古くから修験者の山としてもよく知られている。

大峯山は白鳳三年（六七五）役小角《えんのおづぬ》によって開かれたというが、千三百年以上たった今でも、人跡未踏の原始林がまだまだ残るほど深い山である。北は吉野山から南は熊野本宮あたりにまで達するが、昔からの行者道に加え、登山者によって新しいルートも開発されている。けれども山中にはまだまだ未知の渓谷、滝、原始林、断崖、岩場、沢や峰が眠っていると思われる。

いつだったか大峯山の弥山《みせん》に登ったことがあるが、その深さと険しさに驚いていたところ、それが修験者の道のひとつであると知らされた。しかも彼らはその険しい道を、〝登山〟するのではなく、〝風のように〟駈け抜けるのだという。ある行者は石仏を背負い、またある行者は六根清浄を唱え、さらにある行者は無言の行を守りながら黙々と、しかし強靭な脚と忍耐力で疾風の如く颯《さつ》と駈け抜けるのである。道なき道。一歩踏み外せば落差百メートルはあると思われる谷へ転落。

ある日、大峯山の修験者を写真で追い続けている鈴木義之カメラマンと話していて、

「住んでる人がネ、いますヨ。ただし一人だけですけど」

と教えられた。行者に同行してみたいと思いながら不可能の虫に浸されはじめていた私ではあったが、そんな山中に人が住むなど想像すらできないことであった。けれども、弥山での水のうまさ、空気のうまさ、星のふる夜の美しさを懐しみはじめていた私の中で、何やら突然に動き出すものがあった。ケモノとヤマヒルとマムシしか住んでいないと思っていた深山に、人が住む。

事実は想像を超えた……。

奈良県吉野郡下北山村大字前鬼《ぜんき》。

電気、ガス、水道、スーパーマーケットもなければよろず屋もない。途中の林道ではひとかかえもある崩岩の落石があったり、パラリパラリと小石が降ってきたり、目を瞠《みは》りたくなるような〝不動の大滝〟の絶景に自然の驚異を見せつけられて無言の嘆息をもらしてみたり。

岩盤をくり抜いただけの地掘のトンネルを三つ、四つ抜け、いくつか急坂のある細い山道を越える。ブッシュに隠されたはるか下の方ではところどころで岩にぶつかりながらなだれ下る急流の音や、凄い滝を想像させる落水の音が聞こえる。踏み外して転落すればまず生命《いのち》は助かるまい。道は陽ざしが悪いのか地面はジメジメ、ジトジトしていて、どうやらここで歓迎してくれそうなのはヤマヒルかマムシぐらいのものかと思われる。歩くにしたがって孤独で哀しい子供にでもなっていきそうな山道である。

いくつかの急坂を登りきり、やっと陽ざしのあるところに出た時、

「……!」

突然、人の姿があった。林道の入口から歩いて約四時間。重い荷物に背中をギシギシいわせながら初めて出会った人物である。

ギョッとして立ち止まる。

人物は、オッという顔をし、

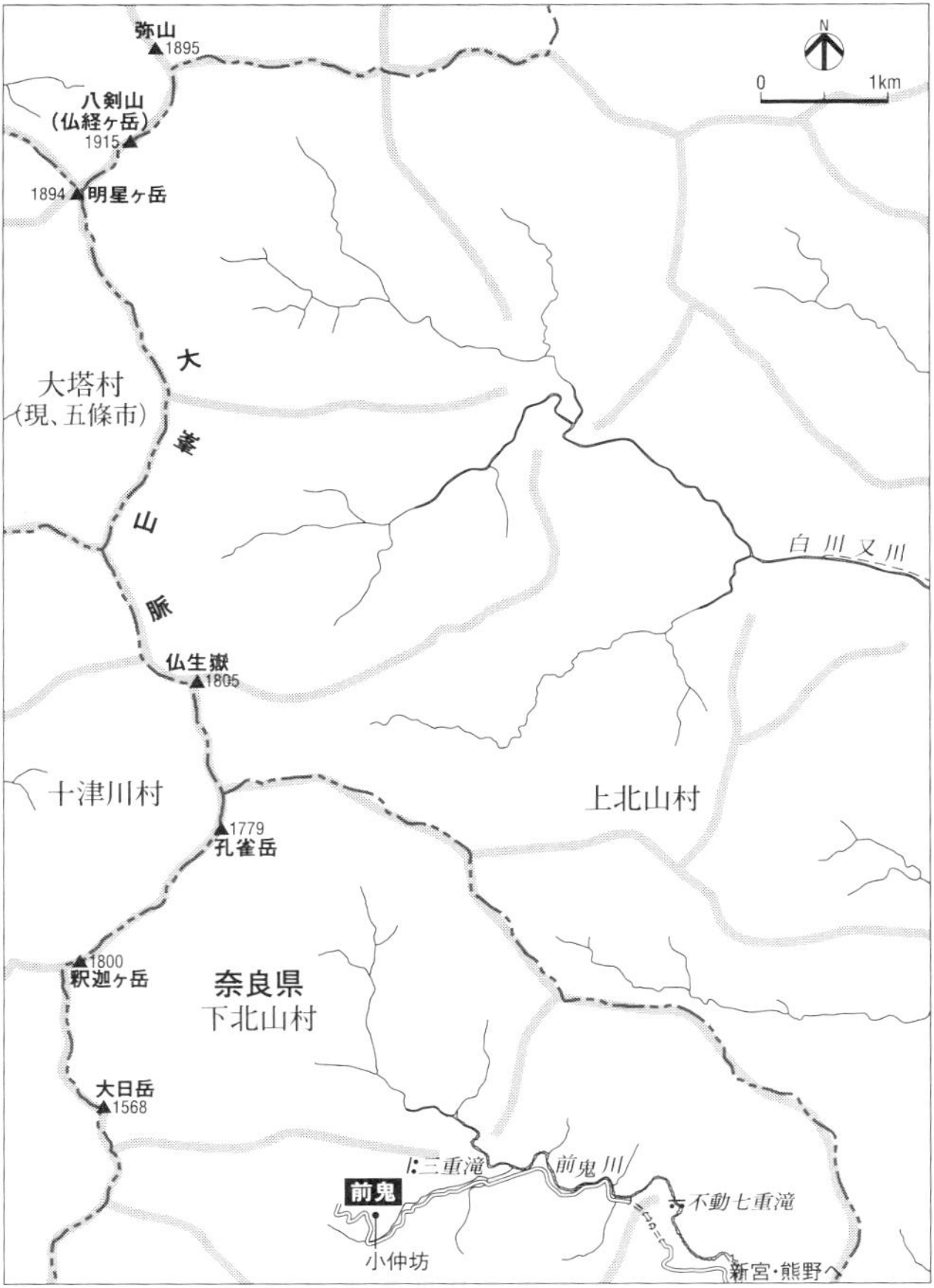
弥山
1895
八剣山
(仏経ヶ岳)
1915
1894
明星ヶ岳
0
1km
N
大塔村
(現、五條市)
大
峯
山
脈
白川又川
仏生嶽
1805
十津川村
上北山村
1779
孔雀岳
1800
釈迦ヶ岳
奈良県
下北山村
大日岳
1568
三重滝
前鬼川
前鬼
不動七重滝
小仲坊
新宮・熊野へ

「あんたかナ……うちにきたンは？」

一度にドッと汗がふき出した。

「いまナ、風呂釜をとりにいこかと思てナ、途中に置いてあったやろ」

あった、あった。急坂にかかる前、こんな山の中に何やら人間くさいものがあるナと思いながら見てみると風呂たき釜であった。宛て先が〝小仲坊《おなかぼう》〟と読めたのであいさつがわりに運んでみるかと持ってみたが、とてもとても担げた重さではなく、無力を知らされてそのままにしてきたのであった。それを人物はヒョイと背中に担ぎ、いくつもの急坂道を越えてくるのである。

断じていっておくが私とて男の子。金はないけれど箸より重いものを持ったこともあるし、力だけは人なみにあるのだが。

五鬼助義价《ごきじょよしとも》。〝鬼〟の裔《すえ》である。

「何ゾ悪いことでもしよったんやろナ、他家《よそ》のニワトリを盗んだり、女をカッ攫《さろ》うたり……昔のことやからよう知らんけどナ」

もとは奈良生駒山に棲んでいた〝鬼〟だったという。

「先祖のおったとこを歩いてみたこともあるけど、別に何もなかった、昔のことや」

義寛、義賢。俗に前鬼、後鬼ともいうが、ある日、彼らは葛城山に生まれた役小角に戒められ、行者となった小角が大峯山を開いたときに、従者としてつき従い、そして、ここに住みついた、と歴史にある。その後、義上、義継、義達、義真、義元の五子が……？

「夫婦やがナ。義寛、義賢が夫婦でなかったら子供もできるはずがない。ナ、そやろ」

ちがいない。生きとし生けるもの、木のマタから産まれてはこない。この五人の子たちは、五鬼助、五鬼熊、五鬼上、五鬼継、五鬼童ともいうのだが、彼らはここを修験道の道場とするため、行者坊、不動坊、中の坊、森本坊、小仲坊を興したと、いう。今残るのは、義价の住む小仲坊だけである。山中に開けた一角には、五鬼がきり開いた跡として、石垣だけがおし黙りながらなお人のぬくもりを感じさせるように残る。五人兄姉の五男坊。おトンボ（末っ子）の義价だけが住む。しかし、千年来の宿坊を〝守る〟などという気負はカケラもなく、先祖のことなどトンと関心がないといった気配である。見ていると〝ナニ、山暮らしを楽しんでいるだけサ〟とでもいいたいのではないかと察せられる。

山の暮らしが性に合っているという。

縁先に吹きわたる風が、冷たい。陽あたりもいいし、視界も抜群に開けているのに、汗はすぐにひっこむほどの冷たい風。寒くなってくる。真冬、雪の季節は大変だろうと想像されるが、

「雪はそうでもない……寒いことは寒いで、厳しいけどナ」

ここにくる者はまずまちがいなく風景のすばらしさに感嘆の声をあげる。自然はすばらしい。桃源郷だ。絵に描いたような絶景だ。こんなところに住めるのがうらやましい……。

「冬の暮らしがどんなにしんどいものかも知らんと、よくいうヨ！」

麓との標高差二百四十メートル。夜昼の気温差は凄まじいほどに激しい。約二十度はちがうという。

ある時。たまたま山道でマムシ二匹をつかまえた。見たところ何やら精がありそうでウンと力のつきそうなマムシだった。これほど元気なやつは〝マムシ酒〟にすればいいわいと義价は二匹ともつかまえて帰り、一升ビンに入れておいた。トグロを巻き、キバをむき出して、オオ、咬ンダロカ！　とニョロニョロ動き回っている。ところがあくる朝、いざ酒精の洗礼をしてやろうと見ると、

「……?!」

二匹とも凍死していたのである。もちろん真冬の話ではない。厳冬ではないのである。多大なる精は寒さに負けた。

また。

寒い季節になると、毎年、必ずとびこんでくる〝珍入者〟がいる。障子を突き破り、床を走り回り、囲炉裏のそばにやってきてキョトキョト。テンである。煖を求めて我が者顔でやってくると、アンタ、ダレ？　という顔をしているのである。

「あいつは悪戯《あくぎ》や、悪いことばっかししていきよるからナ」

坊のちかくに三匹のオオカミが棲み、たびたび坊の庭にも遊びにきていた、というハナシをある人のある本で読んだ。深く、高い山であるからオオカミの一匹や二匹がいても、不思議ではないと思われるし、谷におりてみるとケモノの雲古を見つけることもめずらしいことではないから何やら棲んでいそうにも思われてくる。一説には明治の末に絶滅したといわれる日本オオカミではあるが、見れるものならその〝幻〟を見てみたいと、それとなく話を向けてみる。義价は表情ひとつ変えず、フッ、フッと笑うと、

「おるかもわからん。おらんかもわからん。どっちともいえんわい……」

「いつごろのことです？」

「……さァ、知らんナ」

「ここに棲んでた？」

「それはないわナ」

「よく来たんですかネ？」

「さァ……わしは見たことないけどナ」

「雪の中に足跡があったと書いてあったように憶えていますけどネ」

「ヤマイヌちゅうこともあるわナ」

「不可解なことです……」

「そう。そういうことやナ」

「見たいものです！」

「わしも姿見たことないもんナ」

「……?!」

「山ちゅうところはそんなもんや。おると思えばおるやろし、おらんと思えばおらん。夢ですわナ。夢……。それでよろしい」

そう。夢はそっと静かに、眠らせておくことにしよう。

牛抱坂《うしかかえ》。

牛を抱えて登らなければならないほど急峻な山道とでもいう意味らしい。

「あれ、あそこの道やったです」

縁側に座ったまま、義价の指さしたほうへ目を向けてみる。前方は視界が開け、なだらかな傾斜が前鬼谷へ落ちこんでいる。田圃《たんぼ》があり、畑があり、牛の一頭でもいれば閑《のど》かな山村とでもいいたいような風景だが、前鬼谷の向こうには目もくらみそうな急峻な斜面が天に向かってのびている。ちょっと目をさまよわせてみると、その麓につづら折れの山道が見えた。いや正確には山道の跡である。

「今は誰も歩かんワ……林道ができてからはウンと楽になった。わざわざシンドイ思いはせんわナ……わしもそやけど」

林道ができる以前。牛抱坂は前鬼と麓をつなぐ唯一の道だった。塩の道であり、絹の道であり、少年時代の義价にとっては故郷への道だったのである。麓の村へ七歳まで〝里子〟に出されていた時代にも、学校に通うために里へおりていた時代にも、年に何度か義价は額に汗してこの峠を越えた。やっとの思いで牛抱坂にたどりついたとき、「帰ってきたんや!」という気になれたものだという。考えただけでも気が遠くなりそうだが、この道には二本の足だけで〝疾風〟のように駈け抜けた修験者たちの血と汗と涙と情念の跡がしみこんでいるのだと思っておきたい。

海抜一千メートル弱。空気も稀薄。峻険としかいいようのない山道。山上ヶ岳から弥山、釈迦ヶ岳を経て前鬼に出る尾根伝いの道は〝奥駈《おくがけ》〟といわれるが、中でも牛抱坂は最難所。だが千年も前の時代に道なき道を踏みしだき、未踏の山に踏み入った人間がいたのである。

風あたりが少ない。水場がちかい。雪が少ない。陽あたりがいい。傾斜がなだらかである……生きていくに適した場所だったと思われる。

「千年の歴史ですか……」

「千年、やナ……」

「スゴイ！」

「ナニ、たかが千年や」

ケロリといってのけた。

人がくる。

大峯山といえば、日本で唯一、現在でも〝女人禁制〟を堅持する修験の山だが、前鬼についていえば、女性もくる。

「女性が入ったらいかんというのは、結界線より中のこっちゃ。ここは外なんや……もっとも、昔はアカンかったらしいけど。時代なんやろナ……」

大峯山中には、山上ヶ岳の大峯山寺をめざすルートのいくつかに〝女人結界〟を示す石柱や門柱が立てられている。たとえば、洞川《どろがわ》の清浄大橋を渡ったところにある石柱もそうである。

いや、今はその話ではない。人がくる、という話である。

男。女。登山者。行者。釣り師。単独。小パーティ。団体。あの人。この人……。

夕暮れ、フラリと門前に佇《た》ち、

「オジサン、泊メテ……！」

重そうなザックを担ぎ、

「食事も作って欲しいんだけど」

このごろの登山者はここで出す食事よりずっと事情のいい食糧を持ってきている。

「食糧、持っとるんやろ？」

「ナイ……食べサセテ！」

ウソである。テントもあり、食糧もあり、手もあり、口もあるのだが気力がないのである。フラフラである。その証拠にひと息ついたあと、炉辺でマァいっぱいとなると、ゴソゴソモゾモゾ、出るワ、出るワ……。

「世話せんことないヨ。けどナ、一人二人ちゅうのは面倒やでナ」

自分の食事を作るのも面倒だという。話しながら、義价がふと私にいう。

「メシ喰うたとこなんやけど、アンタ、よかったら喰うか？」

「いいんですか？」

「エエよ。二、三日前の雑炊の残りやけどナ。ワシもさっき喰うたとこや」

「二、三日前の雑炊を?!」

「そうや。うまいで！」

「いや、いや。面倒かけますから、自分で持ってきたモノを喰います」

「そうか？　別に遠慮いらんのやで……」

山菜もある。木の芽もある。木の実もある。ケモノもいる。魚もいる。田圃もあれば畑もある。が、田圃もやめた、畑もやめた。魚は突いた時にフニャリとなるのがいやでやめた。ケモノも獲《と》らない。数年前からは猟師を泊めることもやめた。ひどいのがいて、収獲がなければ腹いせにここをめがけて、ズドンとやるのがいる。物騒すぎる話だが、

「一人のときは発電機を回すこともないし、誰もおらんと思うんやろナ」

屁ともないふうである。

「何を食べてるんです?!」

冷蔵庫はない。保存食ぐらいだが、あまり里に行くこともないから、せいぜい魚の干物ぐらいだろうか。

「何でも喰える。喰うぐらい何でもない」

ケッ！　と呟いた。

素人《アマ》の行者がくる。

険しい修験道を歩いてきて、

「おじさん、風呂わいてる？」

炉辺でビールをマァいっぱい。

「ええ気分や、疲れもいっぺんに吹っとぶみたいやナ……」

それまでは、ナムナムグチャグチャ、ああ、ありがたいこっちゃ、と悟りの顔ではあったのだが、ビールの泡喰ったとたん、俗界へもどる。

「そりゃ、ありがたいじゃろテ！」

そしてゆるやかな林道を、

「ありがたや、ありがたや、ナムナム」

と下っていくのである。まことにありがたいもんなのである……。

見知らぬ挑戦者がくる。

「神、仏はありや否や！」

「……?!」

「私は中学校の校長をしておりましてナ、神だの仏だの、信じてはおらんのです！」

「ナルホド……」

「つまり、無神論者でありますナ」

「……結構ですナ」

「そんなものがいるものですか、アンタ」

「……おると思えばおるやろし、おらんと思えばおらんわナ。あんたは頭で考えておらんという。けど、お腹《なか》でおると信じてる人にはおるんじゃろナ……わしかて行者やなし、特別にシンジンしとるわけやない。けど信じてのうてもふっと手を合わせたくなることもあるテ……」

「ウォッホン……信者やない？　信仰もない？　大峯の山ン中にいて？　奥駈の中に住んでいて？　信じられんナ……」

「信じなくてもええけどナ！」

かくして挑戦者は喘ぎあえぎ山を下る。

若い雲水がくる。

青白い肌。長身痩軀。見るからに〝事情〟がありそうなニオイがある。翳がある。

「ゴ厄介ニナラセテイタダキマス」

礼儀正しい。毎日、何をするでもない。本を読むでもなく、散歩するでもなく、長い旅のあいだ身についた習性からか、こんな山の中にいてもひと目を避けるように日がな縁に座って風の音を聞き、緑に目を細め、昏くなると眠り、夜が明けると目ざめてまた座っている。二十日ほどいた。炉辺でポツリと呟いた。

「追ワレテイルノデス。見ツカルト殺サレカネマセン……」

全国をさまよい、漂い、さァ、ここが何カ所目になるか。

いつの間にか、フッと消えていた。

ドロボーがくる。

〈奈良県第一号仏像・役の行者の脇侍・木像前鬼（右手に斧《おの》を持つ）後鬼（左手に水差を持つ）昭和五十一年五月十三日より同月二十二日の間に発生した窃盗事件の被害品です。発見の際はもよりの警察官にお知らせ下さい。五十一年六月六日　奈良県吉野警察署長……〉

「それで、見つかった？」

「イヤイヤ……」

「担いでいったのかナ？」

「盗んでるちゅう意識はないんよナ、目の前にあったらドウモしようがなくなる。どないしても持っていくんやナ……そんなもんヨナ」

よくやります。重いのですゾ。

テレビ局がくる。

「撮るのなら勝手に撮ればええ、ただしひと言もしゃべらん、注文も受けん！」

「ナニ、マスコミというのはスゴイのですけどネ。全国にオジサンのことが知れわたったらくる人がふえる。するとお金も入る。ラクができるじゃないですか」

「知ったことじゃない……今度はウンと宿泊費を値上げするヨ、高いデ」

「テレビですヨ」

「ここはテレビ、ないヨ！」

人間嫌いでは、ない。ある意味ではそうかもしれないが決して隠者ではない。ただし、浮世離れという点では、市中の人間嫌いや隠者も顔色を失うほど〝現代〟の感覚ではない。

義价がふと思い出したように、

「アンタ、人工衛星って知ってるか？」

と聞く。

「知ってますよ、当然……」

何をいい出すのかと思いながら私がいうと、

「そうかァ……つい一週間ほど前まで、ワシは知らんかったんや」

「……?!」

夜、空を見あげていると、徨めく星の中でスーと動いている星があった。流れ星か、と思ったが、それは光の糸を引くように流れ、光力を失うどころか、姿を消さないのである。

「何や、アレ！」

異変か、と思って義价が呟くと、

「知らないの？　あれ、人工衛星だヨ」

と、たまたま空を見ていた宿泊客が教えてくれた、というのである。

たしかに、この山の奥では、人工衛星を知らなくても、生きていける。

めったに里にはおりないが、結婚式にだけは、どんなことをしてでも出席する。

「めでたいやろ。あれがええんやナ」

ドット疲れて、帰ってくるとドタリと眠るという。

男と女。人妻と妻子ある男がくる。

出張。研修旅行。慰安旅行。友達の家に泊まるだの同窓会だの旧友に会うだの、理由は何でもよろしい。理由ならハナクソにだってつくけれど、人里離れた大峯のド真ん中を〝道行き〟に選ぶとはナカナカのアイデアであるといっておきたい。何度も山に登りながら、ちょっと気がつかなかった。

電話がない。クルマがない。電報もこなければ人の目もない。落石、マムシ、ヤマヒル、猪、熊の歓迎を受けながら、山道をトボトボ四時間歩くことを厭《いと》わなければ、のハナシであるが……。

「アンタ、奥サンはよく許したもんやナ」

「ナニ、○○クンと一緒だといえばドッテコトナイデスサ……」

「……旦那は怒らんかネ」

「イエ、○○サンと一緒だといえばドッテコトありませんワ」

「……まったく、ホントに！」

言葉がない。置き場がない。やり場がない。溜息のひとつもつきたくなる。かくして義侘は彼らの〝オタノシミ〟の夜のために、センベイ布団を敷く。

「アホくさいデ。らぶほてるやないゾ！　そんな気にもなるデ……」

窮極の知恵。希望がない。

せめて〝いい女〟の夢でも見るとするか。

今夜ぐらいは……。


無類の酒好きである……と書きたいところだが、目下のところ一滴も呑まない。呑めないのではない。呑まないのである。

ある日、あることに願をかけて十四日の酒断ちをした。ところがそれがズッと続いて一カ月たっても酒を呑まずにすごせるようになった。酒精なら何でもよかったという。ビールをアッという間に九本も呑んだことがある。

「水みたいなもんですテ……」

呑んでいるとメートルがあがる。気分がよくなる。躰がムズムズしてくる。ある日の深夜、酔いにまかせて、ヤッと山を駈け登り、薪木をきりにいった。ホントのハナシである。

気分がよくなって、里へおりていくことがある。林道の終点まで坂道を下り、いつだったかもらい受けたホンダの単車に乗って山を下る。

「やっぱしナ、酔うてるとこけるナ、冬なんか道が凍っとるからナ」

「……?」

林道の下は落差百メートル以上のきり立った崖。素面《しらふ》だってゾッとするほどの深さなのである。

「酒ちゅうのはスゴイよ」

凄すぎる話である。寒くなってきたのは風のせいだけではなさそうである。マネをするわけではないが、谷川の湧水で冷やしておいたウオッカをイヨッとひっかけ、山を下ってみる。

糠雨。山には霧《ガス》がかかってきたようだ。ふりかえってみると、前鬼谷は颯と乳色の靄《もや》が流れ、一瞬の間に姿を隠していた。

風が吼《ほ》える。

山が唸る。

オオカミにでもなってみたいような酔いであった。

〈付記〉

前鬼の小仲坊に義价さんを訪ねたのは、一九八〇年の初夏のことであった。里では初夏の風であったのに、坊の縁側に吹く風はまだヒヤリとする冷気を含んだ風であった。

私は座りこんで義价さんの〝浮世離れ〟した人生を聞きながら、何ともいえない心のざわめきを感じたものであった。

その後、前鬼へ足を向ける機会はなかったが、山上ヶ岳に入った時には、あいかわらず元気らしいという消息を聞かされていた。

しかし、ある時、鈴木カメラマンに、

「五郎さんナ、肝臓を悪くして、富田林の病院に入院してるという話やで……」

と聞かされた。五郎さんというのは、義价さんの通称である。鈴木カメラマンは、

「このあいだ会うた時も、何やら痩せたみたいやから、元気かと聞いたら、五郎さんは元気でやってるいうてたんや。私も気にはなってたんやけれどナ……」

というのだった。

義价さんが他界したのは、それから間もなく一九八四年のことで、私はその報を、『山と溪谷』編集部の神長幹雄氏から聞かされた。

主のいなくなった小仲坊が、これからどうなるのか、私にはわからないが、義价さんのいなくなった〝前鬼谷〟は、今やまったく無人の山になってしまった。大峯修行の奥駈道に、永々と人生を歩いてきた義价さんの足跡だけは、しかしどこかに残り続けるのではないか、と私は思いたい。折をみて、躰中の毒素を洗い流すような冷たい清水の落ちる前鬼の谷を、私はまた歩いてみたいと思っているのだが……。

〈文庫版付記〉
義价さん亡きあと「小仲坊」は無人だったが、現在は五鬼助義之さんに守られている。

大峯に賭けた父と子

赤井邦正〔奈良〕

日本有数の幽谷美を誇る大峯山脈に、すべてを賭け、燃焼させた父と子。
山好きというには超えすぎた人生がそこにあった。

近鉄吉野線下市口から洞川へ向かう途中、虻《あぶ》峠というちょっとスゴイ峠を越える。かつてはバスもこの峠でしばしばストップし、ひと息、またひと息いれなければならなかったというほどの難所、急峻な峠である。

虻峠を越えると、静かな宿場といったふうなたたずまいの小さな集落に出る。奈良県吉野郡天川村洞川。洞川と書いて〝どろがわ〟と読む。標高八百メートル。里は古くから大峯《おおみね》登山の基地とされているが、あたりは山口県の秋芳洞とならんで日本の代表的な石灰岩台地《カルスト》としても知られている。こういう地形では石灰岩の岩層が長い年月のあいだに地下水で融け、鍾乳洞ができる……という理科の話はよくご存知のことと思うが、洞川にもそうしてできた鍾乳洞が、ある。しかも、個人が掘った鍾乳洞もあると、ある山好きから聞かされ、興味を惹かれた。

「たしかネ、ゴダイマツとかいうたと憶えてるけど……」

頼りない話ではあったが、話を聞かされた時には、何の脈略もなく、ごく単純に、ふと〝青の洞門〟を想像した。マ、そんな想像の貧困はともかくとして、このセチガライ現代に、稀に見る奇特な人がいるのなら、一度会ってみたいものと、山へ入ることにした。

洞の名称は〝五代松鍾乳洞〟という。ただし、ゴダイマツではなく、ゴヨマツ。洞川の赤井五代松が、探し、求め、苦心の末に掘ったものだが、洞の名はその発見者の名がつけられている。五代松はすでに故人となっているけれど、少年のころ、五代松を手伝っていた赤井邦正が、洞川の集落の東端に住んでいた。邦正は赤井のおトンボ(末っ子)である。

「昭和四年、でしたかナ、オヤジがあれを見つけたンは」

昭和のはじめ、不景気風が吹き荒れるころ。一銭の金でも欲しい時代の話である。そんな時代に鍾乳洞掘りとは、何という悠長な狂気の沙汰。

「ナニ、鍾乳洞?! そんなもの探してどないする気や！」

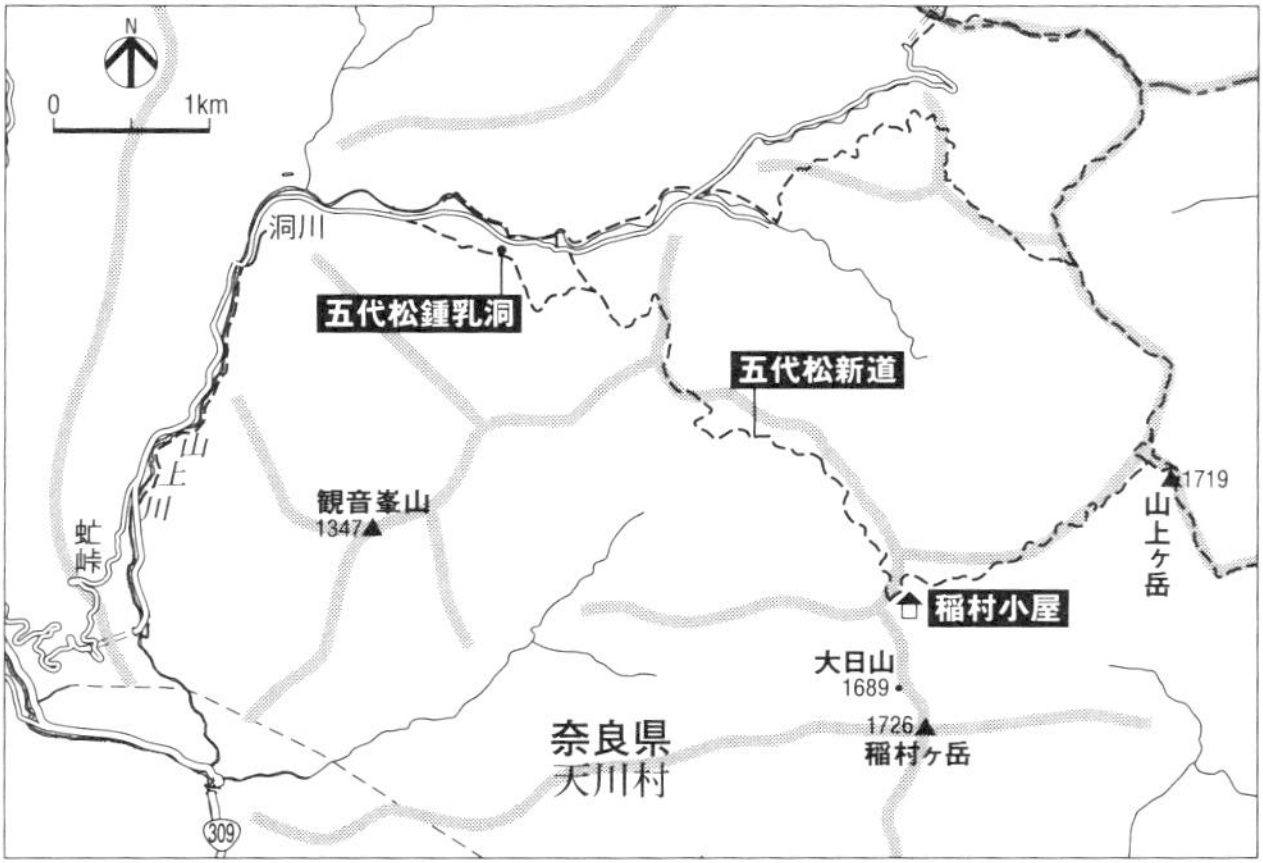

N
0
1km
洞川
五代松鍾乳洞
五代松新道
山上川
虻峠
観音峯山
1347
1719
山上ヶ岳
稲村小屋
大日山
1689
1726
稲村ヶ岳
奈良県
天川村
309

誰もがそう考え、驚き、あきれてフッフッと笑うのだったが、

「オヤジはネ、ここらの山ン中には絶対にあるというてましたナ」

五代松と邦正少年は毎日毎日、黙々と、好奇と羨望、嫉妬と誹謗の視線を背に鍾乳洞掘りに精出したのだと思っておきたい。何がいったいそうさせたのか。

「洞川の洞という字は、アナ、ホコラちゅうことですワ、昔は穴川とも書いたぐらいでしてナ、つまりそんなアナの多いところやということを物語ってるんです」

ゼッタイニアル！　それは、執念、信念、熱意、というより、そんな心情を圧倒するほどの自信だったのではないだろうか。もちろん〝他人の視線〟に対する意地も含まれていたにちがいないと思われるけれど。


寒く、冷えこみの厳しいある日。稲村ヶ岳山頂をめざした。稲村ヶ岳は一七二五・九メートル、女人大峯といわれ、大峯山系の山の中でも有数の高峰である。

五代松鍾乳洞はこの山道の途中、洞川から約四十分ほど歩いたところにあるが、洞から頂上まで約三時間の尾根道も赤井父子の手と足で開拓されたものと知らされ、三時間、ガンバッテみることになった。

「サテ、ぼちぼち行こか……」

ちょっとそのへんまで散歩、とでもいうふうに、サラリと赤井がいう。メリヤスシャツにトレーニングウェアを羽織っただけ。下はトレパン、地下足袋。

「寒く、ないンですか？」

「ちょっとは、ネ、冷えますけどナ」

標高八百メートルの山里は夏なら近畿の軽井沢といわれるが、〝下界〟よりさらに冷えこむ。夏ならよろしいが、まして千七百メートルを超す山となると……。私はカストロコートを持ち、バッチリと防寒態勢でのぞんだのだった。

邦正は、

「あ、ちょっと……」

という。

見ると、十センチ角、二メートルほどの角材を二本、肩に担いでいる。

「山小屋のネ、お客が少ない時にこういうのを運んどきますンや。修理とか春夏秋冬それぞれの季節のしたくもありますやろ」

背には山小屋に宿泊する客たちの食糧を詰めこんだナップザック。これだけでもい い重さになるのに、そのうえ角材二本を担いで三時間、山道を登ろうというのである。

「重いことないんですデ、ただバランスをうまいこととらんと歩きにくい。サ、行きますか」

あっけにとられている私の顔をチラリと見て、邦正が微笑をこぼした。

薄暗く、鬱々として深い杉林の中の小径を歩いていく。小石がゴロゴロ転がる道。

足を休めず邦正が、

「この石ネ、みんな石灰岩ですワ」

私は傍らの大岩に手をかけ、足もとを見る。

「あんたの手エかけてるその岩も……」

なるほど。苔むし、土色になってはいるけれど、踏まれ、削られ、傷ついてのぞいた部分はハッとするほど、白い。肉というより、〝肌〟といっておきたい。ゾクッとするほど美しい女《ひと》の艶やかな肌をのぞき見たようであった。

「……ここや。ここですねンけどナ」

路傍にゴツゴツした巨岩が積み重なっている。岩壁には小さな凸凹した鉄板がある。

「これがネ、入口なんですワ」

高さ一メートル五十ぐらい、幅五、六十センチ……。想像していたより小さな入口である。見ると鉄板扉には、消えかけてはいたが白いペンキで〝鍾乳洞入口〟とあり、その扉の脇に、これも消えかけた字で〝五代松鍾乳洞〟と書いた朽ちかけた板きれが立てかけてある。扉には錠がおりていた。

「普段はかけてますンや。今はもうアレですけどアンタ、昔は無断で持っていったまま、いつの間にやらどこかの家の床の間におさまっていたちゅうこともネ、あったですヨ」

盗っていきたくなるほどの〝宝〟が眠る。入口のまわりも、岩という岩、石という石が石灰岩である。

「深いンですか？」

「イヤ、それほど深いことはない。もっと掘っても続くんですけど、断層にはばまれましてナ。けど、マ、何せ近畿ではめずらしい鍾乳洞や。規模は大きくないけど立派です！」

石柱、石筍《せきじゅん》。そういうのが素晴しく立派。ひと目見ると大自然の前で、チャチなコンクリートジャングルに生きている私など、言葉もなくなってしまうのである。

さて。道は鍾乳洞の入口のところでU字に曲がる。すべりやすく、ゴロゴロした石に埋まった急坂である。油断すると、ズズッと足がすべる。

「これが出口になっとるんですワ」

まだそれほど登っていないのに、赤井がうしろから声をかけた。

斜め左上にドンと大きな洞《ほこら》。巨大な岩壁がパックリと口をあけ、たしかに洞に見えた。巨大な生物のノドを思わせる岩穴。見ているうちに、いつかどこかで見たことのある防空壕を連想した。

壁。地面。天井。どこを見、触わってみてもジメジメ、ヌルヌル。穴は極端にすぼまり、ノドもとの狭い穴に首を突っこんでみる。地の底から漂ってくるのではないかと思われるほどの、澄んだ冷たい風。

ところで。菊池寛の『恩讐の彼方に』では青の洞門を掘り得た了海は「おう！」と全身を顫《ふる》わせるような名状しがたき叫び声を挙げたかと思うと、狂したかと思われるような歓喜の泣き笑いをもらしたのだけれど、彼ら赤井父子は、ある日、穴の中の〝闇の世界〟の壁が初めてあいた時、いったい何を感じ、何を思ったのだろうか。征服感。満足感。熱い感動。希望……。だが、そんな喜悦の気持ちとは別に、彼らの気持ちのどこかに言葉にできない疲労感と虚無感が入りまじり、居座っていたのではあるまいか。徒労の労作……。

そういってしまうにはあまりに、重い。

「オヤジはネ、この洞を掘ってひと山あて、儲けてやろう、なんてことゼンゼン考えてませんでしたんや」

「儲かりでもしないと報われないのにナ」

「マ、人生そんなもんでもありませんテ！」

「なんでそんな……？」

「やっぱりネ……」

遠くを見るような目をして、

「好きやったんでしょうナ、このへんの山がネ」

そのころ。富士箱根をはじめ、山、川、湖などを持つ〝観光地〟が、次々に国立公園に指定されていた。

五代松には不思議であった。日本でも有数の、指折の幽谷美を持つ近畿の大連峰。申し分のない素晴しさであるのに、なぜ指定されないのか？ 彼は同時に、自分が愛するこの山の素晴しさを、もっと多くの人たちに知ってもらいたいとも考えていた。こんなエエ山は他にないゾ……。それはこの山を愛する一人の男の純粋な心情であった。そのためには、人の目が向くような〝目玉〟がなければダメだ。それも、この山の持つ大自然の不思議さ、素晴しさを充分に含んでいるものでなければならない。そんな純粋さが、彼の手にノミを持たせたのだろう。

山頂をめざして樹林の中を歩いていく。突然その杉林がとぎれ、眼下に洞川の集落が見えた。

「最近はカラートタンの屋根がふえたですけど、昔はみんなあれがワラぶき屋根でしたんや。見てる分にはカラフルでよろし！」

なるほど、赤や青のトタン屋根が箱庭のように見える。

「オヤジ、結局、底翳《そこひ》（視力障害をきたす眼疾患）になりましたワ」

明けても暮れても、暗い洞穴の中でノミと槌を握る。〝照明器材〟といっても現代とはワケがちがうのだ。しかも、五代松にとって唯一の仕事は一銭にもならない鍾乳洞を開くことだったのだから、高価な資材投資など簡単にできるわけもなかった。

そのオヤジも、酒は呑んだ。嫌いなほうではなかったが、決して深酒はしなかった。そういうことは一度もなかった。

「意志が強いんですかネ？」

「そらアンタ、酒一本買う金をローソクにまわしてみたら、何本買えますかいな」

五代松は、〝酒は呑みすぎると躰を悪くする、ロクなことないけど、呑めるように訓練しとくことは必要や〟と、よくいっていたものだという。邦正も、嫌いなほうではないが呑みすぎることは、ない。だが、煙草は一本もやらない。

「酒は適度なら〝薬〟にもなりますけど、煙草は百害あって一利なし、確実に躰に悪い」

煙草を吸っている私を見て苦笑した。

「底翳、ですか……」

「目エは、ほとんどダメになってましたナ」

ポツリといった。

「この道ネ、幅一メートル、勾配十五度にしてあるんです」

もちろん自然相手にきり開いた道、すべてが思いどおりにいくこともなかったから、あくまでも平均である。それに、大峯の山は全山が霊場とされているため、むやみな殺生、伐木は固く禁じられているのだ。

地図を見、研究し、測量したりはするが、基本になっているのは〝稲村ヶ岳〟にとり憑《つ》かれた男のカンである。基盤となる道もついていなければ、優れた案内人がいるわけでもない。クワ一本、山を愛するカンだけが頼りである。頂上まで七、八キロ。完成するまでに七年かかった。一年で約一キロ。この道は、〝稲村道〟〝五代松新道〟などと呼ばれている。

「けどナ、道をつけても山は生きてるわけでネ。流されたり、崩れたり、ちょっと放っとくと草が生《は》えてヤブになる」

邦正は今も、欠かすことなくこの道を〃整備、点検〃する。登っていると、山肌が無惨にえぐられ、ザクリと崩れ落ちたところがあった。ドキリとして立ち止まる。見ると手すりがつき、仮道がつけられている。

「どうも危ないと思てましたんやが、台風でやられたんですナ」

渡る時、丸木の皮をはいだところに、〃赤井様、道の修理ありがとう〃と書かれた字が滲んでいた。

この山道には、急角度の曲がり道、いわゆる〃ウデ〃が、ない。くねくねしていないのだ。

「そうやナ……あの鍾乳洞のとこだけか。あそこもウデをつくりとうなかったんやけど、鍾乳洞があるもんやからネ」

登るにしたがって、道脇の斜面の角度が急になり、険しくなってくる。はるか眼の下に、谷川が流れているのが見えた。

「川が、ありますネ」

「白倉谷やナ。ここの向こうの斜面のとこに、野生の猿がおりましてナ」

二十一匹の群だという。野猿は餌があれば群も集まってくるが、なくなると次第に姿を見せなくなる。
それにしても、一年でたったの一キロ。
気が遠くなりそうである。

そろそろ三時間。風の吹き抜ける峠を越え、原生林を抜け、ゴツゴツした岩が露出する険路を歩いて、谷にかけられた橋を渡った。もうぼつぼつだと思われるのだが……。

ところで、十月下旬のこと。〝下界〟ではまだ晩秋の気配が濃く漂い、紅葉が盛りの季節だが、

「上のほうはもう木の葉はついてませんワ。みんな落ちてる」

小屋のあたりではひと足先に冬を迎え、ひと足遅く春を迎えるのだ。

「寒いでしょう」

「寒いナ……雪は毎年二メートルは積もるからネ」

木も石も雪に埋まり、どこが道なのか見当もつかなくなる。そんなモノクロの世界は容易に想像できそうだ。雪の山道を登ってくる客がいる。稲村小屋に宿泊する客のために、邦正はワカンジキをはき、埋められた山道を登る。もし誤ってこの斜面をす

べり落ちれば、まず這い上がることはできまい。雪のない季節でも恐ろしいほどきり立った斜面なのだ。雪に埋められ、手をかける障害物のなくなった斜面は……。墜落感覚の幻想にとらわれて歩いていた時、

「この向こうですワ」

見ると、小さな茶店に似た小屋があり、その屋根の下を道が抜けている。

「山上辻小屋です。だいぶん前からあったもんですけど、これは終戦後に建て替えましてナ」

屋根の下をくぐり抜けた時、

「サ、つきました」

カマボコ兵舎型の何とも〝立派〟な建物が道脇のくぼみに建っていた。山小屋というと隙間風ヒューヒュー、雨もりポタポタの山小屋しか知らなかった私にはちょっとした驚異であった。

「いまネ、水洗にしようと思てネ、準備してるンですけどネ。そうやけど原型のまま流すちゅうのやないですヨ」

原型は失われているが、流される〝水〟の中には充分な栄養分が含まれている。

「ブナなんかがよう育ちまっせ！」

夕方。山頂へ登る。十五度の勾配よりはきつい山道。

「ここはネ、野鳥の宝庫やし、野生植物の宝庫なんです。特に石楠花《しゃくなげ》はヨロシ」

絶壁に、石楠花が群生している。だが、ここまでの群生にできたのは邦正の〝努力〟である。野にある花は野で咲くから美しい。

「折り取られんようになったのはやっと最近のことですワ」

水の流れる音がする。谷川でもあるのだろうか。

「イヤ、あれは風の音です。下が秋なら、ここの風はもうコガラシですナ！」

すごい音である。と、突然、鋭いナイフの刃できりさいたような岩のきれ目の前に立った。大日キレット。それはまさに大地のさけ目であった。ほとんど直線を描くように、二つの岩山がストーンと地の底にきれ落ちている。その底からは、〝悪魔〟の唸りのような風が吹き上げてくる。

「これを下におりて西へ回るとテラスになってましてナ、いちばん眺望がよろしい」

いったあと、

「行ってみますか……」

行けたものではなかった。頼りは鎖だけ。とはいうものの、これまた五代松、邦正のきり開いたものなのだ。

どうすればこれほどの〝勇気〟が出るものなのだろうか。墜《お》ちれば二度と生きて還《かえ》れない。

だが、山頂の展望台に登った時には、極楽にでもいるような気分であった。邦正が苦心に苦心を重ねてやっと完成した展望台。物干し台のような展望台ではあるが、ここからは三百六十度のパノラマが……。

「イヤイヤ、それ以上。山の高低、起伏まで見えますからナ、アンタ」

弥山《みせん》、大普賢、山上ヶ岳……樹林の中に凄いきれこみを見せる神童子《じんどうじ》谷、白倉谷。金剛山、葛城山、高野山に雲海が広がっている。大峯山系第一の展望。

こういう大自然の前では言葉はチャチな道具でしかないのだろうか。

夜。ガスランプの青白い灯の下で聞いた話を、ひとつ、ふたつ。

ある年の大晦日の夜中。邦正は元旦に訪れる客の準備のため、小屋で寝ていた。ふと目ざめたとき、里の家で充電器を入れっ放しにしてきたことを思い出した。これはえらいこっちゃ……と、厳寒の雪積もる山道を下ることにした。山道を下っていると、前方の雪明かりの中に、何やらトボトボと歩いているものが見える。何や？　思って立ち止まると敵サンも立ち止まる。足もとを見ると、その雪上につけられた足跡からどうやらキツネだと知れた。しかも細い道を、懐中電灯もないのに、センターを歩いている。

「結局、私の家のホンの近くまで歩いてきましたけど、フッと消えましたナ」

あれがうしろからついてこられてるのであれば不気味だったでしょうナ……と。

また。ある年の夏。猫の眼のように気候の変化が激しい大峯ではめずらしいことではないが、その日の午後も急変し、スゴイ雷だった。山では雷は横に走る。歩いていた邦正は危険を感じてある小屋にとびこんだ。

と……。暗い小屋の隅で、フワリと何やら白いものが動いた。明かるいところから急に暗いところにとびこんだのだから、ハッキリと正体を掴むのにしばらくかかった。

「なんや、行者さんか」

いうと、行者は人さし指を立てて口にあて、シーッ。どうやら無言の行をしていると思われる。邦正は雷がおさまるまで、持っているゆで卵を食べることにした。それにしても厳しい行に耐えていくとは、大変なこと。

「ひとつ置いていきますから、食べてくださいナ、ドウゾ、ドウゾ」

邦正がいったとき、

「アリガトウ」

無言の行の修行者がいったそうだ。

こういう話は邦正にとっては日常である。

どの話もこの話も、稲村ヶ岳とともに生きる邦正にはふさわしいものであった。

年齢を聞くと、〝昭和十四年徴集兵〟と答える。

「私ね、歳はいいませんのや。若い時はよろしい。けど一定の歳を過ぎると、その歳にとらわれて老けてしまいますやろ」

戦争で山をおりたほかはずっと山暮らし。

「やっぱり、この山が好きなんでしょうナ」

山好きというには、超えすぎている。

最後の木地師

山に入って昔の木地師の暮らしにもどるのが夢や……
山中を妖怪のように漂泊した杓子衆も大塔村惣谷に一人だけになってしまった。

新子 薫〔奈良〕

木地師《きじし》という仕事をご存知だろうか。道なき道を踏んで人知れぬ山へ入り、杓子《しゃくし》、しゃもじ、椀などいわゆる日常雑器を、山中の〝仕事場〟で木をきってつくるのだが、世の中が進んでステンレスだの合成樹脂だのといった〝新兵器〟が現われ、チャッとできてしまう時代になると〝幻〟の木地師とでもいったほうがいいようである。

私が初めて木地師の話を聞かされたのはたしか小学校の三、四年生のころだったと思うが、それは大台ヶ原には想像を絶する原生林があって昼なお暗き林の中を彼らはケモノか妖怪のように歩く、という話だった。原生林には、丸太のような蛭《ひる》、胴の白い盲目ヘビ、白猿、白いムササビなど魔のような生き物がいる。もちろん道なんてものはないが、木地師は迷うことなく自由に歩く。それは他人にはわからないが彼らだけが知る木地師道があるからだと教えられたように記憶している。

その仕事はもう失われ、〝幻〟となってしまった気配があったが、ある時、吉野の山奥に釣りに出かけ、約三メートルの崖から墜落したとき、大塔《おおとう》村（現・五條市）に木地師がいるとかいたとかいう話を吹きこまれて、歩行不能の約半年のあいだに、〝幻〟に会ってみたいものと夢をふくらまし続けた。

奈良県吉野にある大塔村は全国でも指折りの過疎現象の激しい村として最上位にランクされるが、その村のさらに深くて高い山の中にある惣谷《そうたに》は、大塔村でも最奥部に属する在所である。惣谷の奥に篠原という在所があるが、それから先にはもう人家はない。この篠原、惣谷が木地師の村だったが、今では惣谷に一人、〝最後の木地師〟が住むだけとなってしまった。

「そやナ、ここで六百メートルくらいか。夏でもクーラー知らず、扇風機もいらん。六月まではコタツが外せんヨ……」

鉈《なた》を持つ手を置き、〝最後の木地師〟がひと言。私との出会いでは最初のコトバだったが、どうやらヘトヘトになってたどり着き、すごいところと圧倒されていた私の弱気の虫を素早く読みとって呟いてくれたものと思われる。惣谷に住む〝最後の木地

五條へ
滝山
1140
N
0
1km
天ノ川
篠原
篠原滝
白六山
1189
168
惣谷
奈良県
大塔村
(現、五條市)
中井傍示
舟ノ川
下辻山
1306
大谷
十津川村へ

師〟は新子《あたらし》薫という。

私の浅い知識では大塔村は吉野朝時代に、〝悲運の王子〟と囁かれた大塔宮護良親《だいとうのみやもりなが》王が潜伏、挙兵した地だったと憶えているが、惣谷、篠原は平家の落人の集落だと聞かされたこともある。ところが、この話をもらしたところ、新子は、フム、と頷き、

「そういう話もあるワ……けど子孫がおるわけでなし、紙に書いたァるわけでもないから、わからんヨ」

だが、木地師の村であったことはどうやらまちがいがなさそうである。

歴史によれば木地師の本拠は近江国（滋賀県）愛知《えち》郡東小椋《おぐら》で、五十五代文徳天皇の第一子小野宮惟喬《おのみやこれたか》親王を祖神とし、親王の従臣藤原実秀が小椋と改姓、木地師の祖先となって良材を求めて諸国を自由に歩くことを天皇から許されたのがその初めだということになっている。彼らはロクロを使う木工の特殊技術を持ったうえに、年がら年中山から山を漂泊するものだから、村人達は〝ロクロ師〟と呼んで神秘の目で見ていた。そう伝えられている。

「ここの木地師はネ、ロクロを使わない」

「昔から？　ずっと？」

「ロクロ師ともいわん。神秘の目ェも向けられん。何せ村人のほとんどが木地師だか

ら、神秘もヘチマもないわナ、アンタ!」

吸いさしのタバコに火をつけ、煙を吹き出した。傍らに〝三ツ矢サイダー〟の空缶が置いてあり、どうやらそれが灰皿だと思える。新子はその〝灰皿〟に灰を落とし、

「ロクロ師とはいわんかったけど、杓子衆といったナ」

惣谷の木地師はほとんど杓子専門だったからそう呼ばれたものと思われる。ただ、〝衆〟とつくのは単独で渡り歩いたのではないと想像されたので、ちょっとさぐりを入れてみると、

「そうやデ……」

杓子は四人を一隊として山へ入るのが普通であったが、一度山入りすると数カ月、あるいは数年、山中の生活が続いて里へ帰ることがない。荷といえば毛布ていどの〝横巻き〟と呼ばれる掛布と鉈ぐらい。

山へ入ってまず手をつける仕事は小屋掛けである。寝、起き、食べ、仕事するための小屋を山の斜面につくるのである。木の枝、幹、葉、皮、くず、利用できるものは何でも使い、鉈一丁で山入りした午前中につくってしまう。

小屋は四畳半ほどの広さだが、真ん中に囲炉裏があって、それを囲んで四人が座る。一人がだいたい一畳たらずのスペースであり、一日座るとまず立つなんてことはない。

仕事をする、食事をとる、眠る、休む、水を飲む。せいぜい雲古か御叱呼する時ぐらいしか立たない。

「四日仕事したら一日休みになる……」

といっても、レジャーに出かけたり、ゆっくりと骨休みしてテレビで野球観戦できるわけではない。次の四日間のために薪をきり出し、明かりにする松採りに出かける。休日ではなく、仕込みの日だと思いたい。

ところがそうして補給できるものはいいが、どうしても防ぎきれないものもある。壁である。小屋の壁は葉のついた枝を組み合わせてつくってあるが、数日すると枯れはじめパラリと落ちるばかりで隙間だらけになってしまう。風が通る、雨が吹きこむ、虫が入る、月が見える、光がさしこむ。

「冬なんかアンタ、目がさめると〝横巻き〟のうえに雪が積もってたナ」

それでも夜明け前に起きて仕事をはじめ、夜は十時、十一時まで仕事をする。杓子ばかりをつくり続けるのである。

「松の明かりでは暗いでしょう、それに夏は暑くなるでしょうナ」

私がいうと、新子はオヤという顔をし、

「松ヤニや。アブラに火をつける。マ、ランプより明かるかったと思うがナ」

木地師になるとトリ目になるといいわれた。

「ウソ、ウソ。暗いところで仕事するからやといいたいんやろけど、それはないデ。あれは栄養失調やナ。ビタミンナントカ不足」

「……？」

「塩の湯とかネ、そんな栄養のないもんばっかし食べてるからサ」

「山には山菜がある。谷には大きなアマゴもいるし、鹿、ウサギ、猪、熊と栄養源も豊富やと思うけどネ……」

「獲《と》ってる暇あれば杓子をつくるヨ！」

一日平均百個の杓子をつくったという。

山の中にも猛烈な時代があったようだ。


ある時。

新子は奈良の大路を歩いていた。ついさっき売りこみにとびこんだ民芸品店では、

「ナニ？　そんなもんウチでは扱ってないヨ！」

剣もホロロに断わられてしまった。ポケットには五百円ポッキリ帰りのバス賃だけ。歩いていくと、居酒屋が見えた。もともと酒は嫌いなほうではない。エイ、ママヨ

ッ！　と暖簾をくぐり、ポンとカウンターに虎の子の五百円を投げ出す。熱いところをグッとひと息に呑む。

苦く、非情で、泣きたくなるような酒の味だった。時代は高度経済成長とやらで、杓子はステンレス、合成樹脂に押しまくられ、惣谷、篠原に百人もいた木地師たちは一人、また一人と鉈を持つ手をノコギリにかえ、山林仕事へ移っていった。ネコもシャクシも木から離れていった。だが何とかできるはずだ、何とかせんと、おっかちゃんに山仕事を続けてもらわんといかん……新子は杓子づくりを煙草盆など〝ウケ〟そうなものをつくることに工夫した。けれども、やはり売れなかった。

「山の人間が町場に出てきてもすることがない」

そう思いながら呑んだ一杯の酒。ヤケ酒であった。

フラリと居酒屋を出て小路を行くと、また民芸品店があった。

「チェ！　けったくそ悪い」

思ったが一縷《いちる》の希望を捨てることもできない。これでダメなら鉈を捨て、山林仕事でも何でもするまで……。行けども明かりが見えない。希望が見えない。金がない。

絶望の淵が近くなる。

新子はオズオズと、しかしできるだけ柔らかい職業的微笑を浮かべて店に入ってみた。

「どこから来たんや、アンタ」

「吉野の、大塔村ですけど……？」

店の主人はふと何かを思うような目になり、煙草盆を見ている。イケルぞ！　やったゾ！　さァ、どうや。

「これは買えんナ……けど、大塔なら昔から木地師がつくるいい杓子があるはずや、それがつくれるか、アンタ」

つくれるもクソもない。十八歳で木地師の道に入り、以来明けても暮れても杓子、しゃくし、シャクシ。それが売れなくなった。売れなくなって精も根もつき果てたあげく、すがる思いで木工細工をはじめたのだ。それを今さら、また、杓子をつくれと……何でそんなものが売れるのか。新子には理解できないことだった。

「杓子ができたら持ってきてみ。できるやろ、ナ！」

民芸品店の主人はそういって小さな紙包みを差し出した。金が包まれているのはすぐにわかった。

「……？」

持ちこんだ細工を買ってくれたわけではない。

「あんたにあげるんやないヨ。子供さんに何ゾ手みやげでも買《こ》うて帰ったり」

一文なしの新子にしてみればその金はノドから手が出るほど欲しかった。その金があれば歩かなくてもすむ。バスに乗れる。子供たちの喜ぶ顔が見られる……。

「けどナ、物を買うてもろうたわけやないのにもらうわけにはいかんわ、ナ。結局、もろたけど、涙が出たヨ、ほんとに」

苦渋する一滴。あまりにも辛すぎる。

新子はこれを契機に、手に持つ鉈に涙の塩して再び杓子をつくりはじめた。一九六五年ごろの話である。


山へついていった。

山の中にある新子の仕事場へ行くためである。朝五時半。地下足袋に作業衣、背には鉈だけが入ったカゴという身軽さである。

新子の家のそばにある神社の脇から谷へ下る。谷へおりるまで山道を三十分。舟ノ川にかかる吊橋を渡ってひとつの山を越えるとまた別の山がある。トボトボと山道をついていく。ところどころに山林仕事の跡があって、杉の木がきってあったりする。姿は見えないが谷が下方にあるらしく、水流の音が聞こえる。考えていたより平坦な道……と甘く考えたのがいけなかった。滝の落ちる谷を渡った途端、道は急勾配になり、ともすると新子に遅れてしまう。ところがそれはまだまだ前哨戦でしかなかった。登るにしたがって道が消えていく。踏跡もなく、目印もない。おまけに急勾配どころか、斜面そのものといいたい山肌を行くのである。人肌からふり落とされまいと必死で這いつくばるノミのようだ。

「速いか？」

「イエイエ、ナンノ、コレシキ！」

また歩き出す。鬱々とした杉林に出る。ホッとして吹き出した汗をぬぐったところで、

「……！」

竿竹ほどの太さの丸木が二本、こちらとあちらに渡してある。片側は手をかけるスキもない岩壁、一方は何もない。下方は見るだけで全身硬直しそうな〝絶景〟である。それでなくとも高所恐怖症の傾向のひどい私は無意識であとずさり。見ると新子がタッタッと渡りきり、待ってくれている。

〝ママヨッ、キンタマ持ッタ男ノ子！〟

ヤッと渡った途端、腰が抜けそうだった。だがまだ先がある。またノミになる。私

の前をカモシカのような男がゆく。私はひたすら追いすがる。惚れた男を追いかけ、追いすがる女の心境……経験はないけれど。妄想が浮かび、去る。清水が岩に滲みだしてズルリとすべる岩を蛭のように腹這って渡り、また斜面にしがみつく。まだ続くのか。

「ここや、着いたヨ」

いわれて見あげると、大きな十メートルちかい長さのクリの木が二本、V字型に倒されていた。一歩まちがうとズズズとすべり落ちる斜面のド真ん中。

「いっぷく、つけるかナ」

斜面に座り、新子が煙草に火をつける。見ると新子は汗すら滲ませていない。

「きつい、ちょっとキツイ」

「……？　毎日ここまで来るヨ。少々の雨の日でも来るからネ」

「カッパを着たら身軽さが失われるでしょうけどネ？」

「イヤイヤ、そんなもん着んヨ」

数センチ四方を手で地ならしし、そこに灰を落とす。山火事を恐れる木地師の本能とでもいっておきたい。いや、山火事だけではない。金属、合成樹脂。鹿。伐採。

「すべて木地師の敵や！」

鋭く、険しく、厳かに呟いた。

さて、新子は仕事にとりかかった。この急斜面で型とりといって、杓子の原型をつくってしまう。一日四、五十本。といっても、約二、三時間ほどのあいだである。しかも、木槌、打ち台など必要な道具は持参した鉈一本ですべてつくってしまう。見ているとその仕事ぶりは壮観、凄絶としかいいようがない。その仕事の課程を説明するのは本書での役目ではないから省略するが、とにかく恐ろしく早いということだけはいっておくことにする。タッと鉈をふり、トントンとやると、杓子の原型ができている。

「リズムがあるんや」

これが狂うとうまいことといかんワ、ひと言いった。極端にいえばこのリズムを肉体化できるかどうかが木地師の岐路になる。そのリズムは新子の、人生のリズムでもあるのだ。

惣谷、篠原でひところは百人もいた木地師は気がついてみると新子一人だけになっていた。以前のように日常のものとして売れていくことはなかったが、民芸品として新子のつくる杓子は何とか甦った。ところがそんな〝光〟が見えるかと思われた矢先、

「女房が死んだヨ。腎臓をナ、患ろうたんや」

先細りで苦悩した時代に、それが天の使命であるかのように男たちにまじって山林仕事に出、毎日毎日、汗まみれの疲労に耐えてきた新子の妻は、ひとことの愚痴もいわず、甦る新子〝木地師〟の姿を見ることなく、逝ってしまったのである。多くは語らない。ポツリと呟いただけである。

「サテ、行こか……」

立ち上がって、下方を指さす。きれこんだ斜面をのぞきこむと、十メートルほど下に谷があり、ケモノたちの水飲み場と思われるところがある。そこに、ある朝、仔牛ほどのカモシカが斃《たお》れていた。翌朝には腹のあたりが喰いちぎられ、また翌朝には胸のあたりがえぐられている。さらに徐々に上へ上へと引きずられ、ついには仕事場のすぐ下にまで移動していた。

「あれは熊や、熊がやったんやナ」

ふたたび。ノミが必死でカモシカを追っかけて山を下る。細く、険しい崖の道で、私は片側の岩壁に手をかける。

「そこナ」

新子が立ち止まり、

「毎年、マムシがおるんやけどナ、今年はまだ姿を見ない。もうそろそろ出るやろ」

「……！」

私はあわてて颯《さつ》と手を引っこめた。しかしこの険しい山道を、凄い余裕で歩いていく。新子は、

「このあたりの山ならどこにどんな木がどう生《は》えてるか、知ってるヨ」

という。小屋掛けした時代にはムネヒ（西吉野）あたりの山へまで出かけた。そんな時代ではなくなったが、

「やっぱしそれぐらいせんと杓子はできんよネ、いずれは山へ入って昔の木地師の暮らしにもどるのが、夢といえば夢や……」

フッフッと、ホントにやりかねない気配が漂った。

数十メートルうしろで、鋭く、きれるような鹿の声が聞こえる。

妻の死と入れかわるように、町場へ出ていた息子の健《たけし》が帰ってきた。在所では貴重な若手である。健はちょっと黒田辰秋を思わせるような家具や小物をつくる。仕事場では民芸協会青年部の展覧会に出品する盛り鉢を製作中であった。

「時間がないんや。ここでは、若いけど何でもせなアカンヨ」

大工、畑、祭、キネをつくったこともあるし、山火事があれば消防隊員になる。谷

ではアマゴを釣るし、客の接待をする。

「棺桶つくったこともあるワ」

夜。健がごちそうをつくってくれた。一升ビンからドクドクと注いだ冷酒が五臓六腑に沁み渡り、話が花を開いた。

明日、もう一度山へ行ってみよう。


再び山へ入った。単独である。

新子より一足先に山へとりつき、私がタドタドしく山を行く。新子について歩いている時は必死ながらスムーズにいけたが、何とスゴイ道かとあらためて思い知らされた。

急斜面に、見えない谷に向かって、カモシカが駈けおり、駈け登った足跡がついている。パラリと小石が降る。道なき道。谷を渡ると、迷いこみそうである。もうここまでは山林仕事の男たちも踏み入ってこない。

ちょっと余裕が出て……そのつもりになって脇見してみる。と――！　路傍の小石に足をかけた途端、躰がグラリと傾いて、バランスを失った。その瞬間、スウェーデン製の携帯コンロ、コッヘル、食糧、釣り竿、擬似鉤《ぎじばり》、水、酒……詰めこまれたザックを放り出し、同時に私は斜面を転がりはじめた。下方には滝でもあるのか、スゴイ落水の音が立ちのぼってくる。樹間にチラリと朝の空が見える。嗚呼《ああ》！　ワタシハ落チテイク……。とりすがろうとする斜面は、私の手を裏切り、ふりはらう。バリッと鋭い音がして、ズボンの股下が破れた。バリリ、またバリ……。

躰の脇に一本の雑木がニョキッと立っている。過ぎざまタッと手を出す。神ヨ、母ヨ、大自然ヨ、木霊ヨ！　エイ、ヤッ！　両手にズシッと自分の体重がのしかかり、やっと止まった。何やら残滓《ざんし》のように小石が下の方をカラカラと乾いた音を立てて落ちていく。

のぞきこんでみると、あと数十メートルずり落ちていれば、きり立った崖になっていて、そこに数十メートルの滝があって、岩盤に水をたたきつけている。一度に、躰中の穴という穴から汗が吹き出した。冷汗である、もちろん。私はナメクジにでもなったように、緩慢に、気をつけて斜面を這い登る。今度は斜面も私の手を裏切らなかった。

ザックは小木にかろうじてひっかかっていた。

新子の家にたどりつく。針と糸を借り、ズボンを補修。

外は、山々に雲がたれこめはじめ、雨が落ちてきたようだ。

「雨やナ……ほれ、向こうの山肌に滝が見えるやろ」

「見える見える……」

「あんた、あそこまで行ったんやで」

気が遠くなりそうであった。信じられず、言葉がなかった。夢中の無。夢中の夢。それを毎日毎日繰り返すなど、考えることもできない……。

斜面にへばりつくようにして建てられた新子の家を出、帰路に向かう。ガラリと窓を開け、

「気ィつけて帰りヨ！」

健が声をかけてくれた。私は微笑を返しただけであった。疲れがズシンとザックに詰めこまれている。

たれこめた雲に、とけこみそうであった。


〈文庫版付記〉

新子さんは老齢ながら今なお、孫の光さんに杓子作りの技を伝えながら木地師を続けられている。

残念ながら健さんは十数年前に不幸にも他界されてしまった。

北山の老猟師

勝山倉之助〔京都〕

雪深い過疎の村に住む老猟師。しかし、喜寿を迎えたとは思えない鋭い目、強靭な躰が本物の鉄砲撃ちの姿を教えてくれた。

山に入ると必ずといっていいぐらいに、動物の足跡を見たり、鳴き声を聞いたり、雲古のにおいを嗅いだり、時にはバタリと出くわすこともある。

そんな時の私はドキリと心臓にショックを受けるのだが、本職の猟師ならこんな時はどんな気持ちなのかと考えることがあった。

今日では専業の猟師はいなくなってしまった。狩猟が職業として成り立たなくなってしまったのだが、たとえそんな時代にはなっても、やはり〝日曜猟師〟とは絶対的にちがうのだという痕跡を残している猟師がいるにちがいない。それをどこかに見出してみたいもの……。

そんなことを考えている時、京都の山奥に、まだ野生動物の宝庫があるということをある本で知った。ちょっとあたってみると、芦生《あしう》の京都大学演習林である。その演習林にちかい佐々里《さざり》という小さな村で〝美山《みやま》ストア〟を開く傍ら、猟をしている人がいるらしい。私は雪の季節を待って訪ねてみることにした。

さて。冬のある日。

いくつかの山を越え、峠を越え、村を過ぎて雪に埋もれた京都の山奥へ行く。雪の京都というと、うっすら雪化粧したお寺の甍《いらか》や庭園が絵のようにおさまった観光アルバムの世界を想像したくなるけれど、やっとたどりついた山奥の村は、〝冬の観光京都〟とは隔絶した戸数十七戸の過疎の村であった。

京都府北桑田郡美山町字佐々里（現・南丹市）。雪がちらつく周山街道を抜け、雪のふりしきる国道一六二号線を北へ、北へ。何度かバスを乗り継ぎ、乗り換えるのだが、次のバスが来るまでにはあくせくした都会時間を忘れたくなるほど。私は雪中の停留所でふるえながら、持っていったスパイ小説に読み耽る。時間を食べる虫にでもなったようであった。

京都交通バスを最後の終点で降りる。そこから先はバスが走っていない。だが、

由良川
芦生
•京大演習林事務所
38
京都府
美山町
(現、南丹市)
佐々里川
佐々里
佐々里峠
小浜へ
平屋
奥瀬谷
周山街道
162
深見トンネル
N
0
2km
京都市
右京区
京都市街へ

佐々里はここからさらに奥にあり、歩けば三、四時間も山道をたどらなければならない。私は学校帰りの小学生たちを乗せて佐々里まで行くというマイクロバスにやっとのことで便乗させてもらい、一時間ほどで走ることができた。幸運であった。

マイクロバスを降り、雪に埋もれた佐々里川沿いの小道をたどっていくと、〝ピカピカの猟師〟が住む家が、あった。

勝山倉之助という老人がその人物であった。隠居の年代だが、勝山は今なお〝現役〟として、ほとんど毎日、犬を連れ、鉄砲を持って山を歩く。

待っていると、その日も一人、山に入っていた勝山が帰ってきて、

「ナニ、ちょっと犬の散歩がてら、何ゾ獲物でもおればと思いましてナ。遊んできただけです」

隠居なんてとてもとても！　という顔でいった。雪のふりしきる山で午後いっぱい〝遊んできた〟というのである。

若く見えるというわけではないけれど、年齢を聞きなおしたくなるほど、歳を感じさせない。幅広く頑丈そうな肩、太い腕、強靭そうな足、鋭い目、逞ましそうな腰、うわ背のあるガッチリした躰軀《たいく》のいたるところに、現役《プロ》の猟師としての痕跡を感じとることができそうであった。いったん山へ入れば躰のどの部分をとっても、正確、迅

速、繊細に稼働するのだと思われる。

山についていくのが楽しみになってきた。


どちらを向いても、山また山。ひとつの山の奥にまた別の山がある。深い森、濃い林。明朗な鬱蒼を思わせる豊富な樹林が村を抱きかかえている。

「村の仕事といえばほとんどが山林仕事。マ、農業もやりますけど、ただしそれは雪のない季節《とき》のことでしてナ、雪が積もるとできないです」

積もるというふうなチャチなものではない。埋もれるのだ。ふりかたがちがう。積もりかたがちがう。積雪量のケタがちがうのだ。

「雪の季節にはしとうてもする仕事がありませんのや」

だから、雪のない時にウンと働き、雪がくるとその貯えを噛りながら、〝遊ぶ〟のが自分たちの暮らしだったのだという。

「何でもここは平家の落人集落やそうでしてナ。今はもうとてもアレですけど、昔は村で自給自足の暮らしができましたんやで！」

村と都会《まち》を結ぶのは険しく、心細い峠だけであった。ところが科学する力は山を削り、岩を砕き、いくつかの道《ルート》を開いた。道が開かれると、山里の自然をめざして、釣りだのスキーだのハンティングだの、つかの間の休日をエンジョイしようと都会から車をブッとばして、人が、くる。タッとやってきて、ヤッと獲《と》りまくり、さわぎたてて帰っていく。道が開けて村の人も便利になったが、それ以上に都会のエンジョイ派には便利になり、痛快になった。そのうち、いつの間にやら天然ものの大きなアマゴも根こそぎ釣り上げられてしまったのか一匹もいなくなり、ケモノもコソコソ姿をかくす。逆に、便利になった道をたどって都会《まち》へ出ていった村人も多い。

「昔は七十戸ほどあったといいますがナ、それが三十戸になって、今は十七戸です……便利になるとともに在所はアカンようになりました」

京都市内に約二時間で出られる〝準国道〟もあるが、雪の季節になると、埋もれて通行不能。やはり、冬は昔どおりの冬なのだ。家の中にとじこもるぐらいしかテがない。冬のあいだは貝にでもなるのだろうか。

「けど、私にはそれができませんのやネ。山の中にはケモノがたくさんおりますわナ、そやから、猟に出よか、とネ」

深い雪に埋もれた山ではあるが、その透明な闇の中では多くの野生たちが、眠り、駈け、潜みながら棲息している。勝山は雪深くなるのを待って、畑を山に、鍬《くわ》を鉄砲にかえて雪山にとけこむのである。それが昔からの彼らの日常であり、暮らしだったのである。

「私のオヤジも猟師、おじいさんも猟師やったんです」

昔からみんなそうして暮らしてきたし、生まれた時から、勝山の日常身辺には鉄砲があったというのである。もっとも現在のような優れた鉄砲ではなかったが……。勝山が憶えているのは村田銃である。一発ずつ弾をこめ、撃ち終えると銃身を掃除しなければ次が撃てない〝旧式〟の銃である。

「子供の時は銃なんか持たしてもらえませんからネ、もっぱら勢子《せこ》をやってましたんや、それでも結構面白かったネ」

犬を連れて山に入り、ケモノを追い出すのである。冬になると毎日のように父や祖父について山に入り、雪の中をさがし回るのだ。

銃こそ手にできなかったが、たまらなく面白かった。楽しかった。

「もともと好きやったんでしょうナ」

「猟が？」

「猟も、銃も、そういう山歩きがですナ」

いつでもよく手入れされた、父や祖父の銃が間近にあった。その銃はよく磨かれ、油が薄く滲んで黒く、静かに光っていた。

「あのころの銃は毎日手入れせんとすぐに錆びてきてネ。今のはそうしょっちゅうせんでもよろしいけど」

勝山にとっては銃は自然なものであったし、暮らしの中に銃があることもあたりまえのことであった。鎮座する銃を見ていると、ワクワクしてきて、山に入りたくなったものだという。とはいっても、山は雪に埋もれているのだ。あっちを見てもこっちを見ても雪、雪、また雪。道は消えている。どこかにケモノがひそんでいる。まちがえば襲われる。しかしそんな怖気《おぞけ》も見せず、まるで、ちょっとそのへんまで散歩とでもいうように、気軽にいってのける。

「怖いようなハナシだけど」

「ケモノがおるから猟になります!」

怖《お》じ気づいた私を見て、勝山はフッフッと笑った。

勝山が最初に使ったのも、村田銃だった。

「そのあとは三十年式ちゅう銃でネ、私は二十五歳の時からこれを使うたですヨ。三十年式は軍銃を改良した銃でしてナ、性能はグンとよかった……」

「今もそれを?」

「イヤイヤ、それももう古い。今は上下二連といいましてナ、中で折れるやつですワ」

弾は二発こめるだけ。この二発で勝負が決まる。たった二発だけである。

「ゼッタイにムダ弾を使うたらあかんです」

何でもない、というふうにいった。私には自信がない。銃の免許は持たないけれど、私なら最新式の連発式になった、ブローニングでも使いたいものだ、と思っていると、

「ブロはあきまへん。凍《い》てたら使いものにならんです！」

「……？」

「弾倉がネ、回転せんようになるんで」

寒さで凍りついてしまうのだ。凍てた山では銃身に触れると、吸いつけられたように手がはりついてしまう。そうなっても上下二連なら何とか使えるが、ブローニングは使いようがない。便利で新しい銃だとは思われるけれど、上下二連に較べたら、そんなものアナタ……。

勝山はツヤのいい顔を、ツルリとなぜた。

「これからが山は本格的に凍てますンや」

山についていくのが心細くなってきた。

ある時。ある猟師から、俗に〝犬、足、鉄砲〟ともいって、この三つが猟師の三種の神器なのだと、教えられたことがある。それをふと思いだして勝山にいってみると、ちょっと考えたあとで、フッと微笑し、

「順番はどうかわからんけど、ワシらにとって犬はたしかにいちばん大事や」

「いい猟ができるかどうかは、犬しだいですか」

私がいい、

「良《エ》エ犬を持ってる猟師はまちがいなく腕がヨロシイし、腕のエエ猟師はまずまちがいなくエエ犬を持ってるもんですナ」

自信がひびいていた。

また私が、

「すばらしい犬にめぐりあえば猟師冥利につきる？」

呟くと、

「エエ犬になるようにしこむこっちゃ！」

即座に返したあと、

「猟師も生身の人間、命が惜しいわサ！」

いい犬を持っている猟師は当然のことながら獲物も多く獲る。ただちょっとした運

命のイタズラとでも呟きたくなるような不測がある。どういうわけかいい犬ほど薄命なのだという。すばらしい猟能力を発揮しながらなお長い人生を生き続ける犬はめったにいないのだ。天は二物を与えないのだろうか……。

二物を賦与された犬は〝恵まれすぎた〟犬というわけだが、勝山が持っていた〝クマ〟はそんなめずらしい犬であった。

「よう働いた犬でしてナ、箱の中で腰が立たんのに猟につれていってくれちゅうような犬でしたヨ」

猟師のあいだでも評判だった。

「昨年の暮れにネ……」

惜しくも命果ててしまった。勝山のところには、いま〝エス〟という紀州の雑種がいる。

私を山に連れていってくれた犬だが、よく働く犬であった。

勝山のように、熊、鹿、猪など大物ばかりを相手にする猟師は、ひとつまちがえばケモノに襲われる危機を常に背負って歩いている。襲われれば命を落とすこともあるし、運がよくても再起不能の大ケガ。絶望する宿命とでもいっておきたい。

「シシなんか向かってくるやつがおりますのでナ……！」

猪突《ちょとつ》猛進というコトバもある。もちろん、猪だけでなく、鹿突も熊突もある。窮すればかかってくる。

「マ、冬熊は眠ってますがネ」

熊は木の洞などで冬眠しているが、犬に吠えたてられたり、鼻先を棒でつっついたりして怒らせ、ムクリとおきあがってワッと襲いかかろうとしたところを獲る。

「ヘタするとひとたまりもなくやられるナ」

「……！」

おとなしそうに見える鹿も、追いつめられれば頭角をさげ、向かってくる。だが、犬は怖じ気づくことなく自分の躰の何倍もある獲物を雪中のヤブから〝親方〟の待っているところへ追い出し、噛みついて釘づけにするのだ。危険は承知のうえ。哀しい使命を完璧にやってのける。

「山に入っても獲物がおらなければすぐに親方ンところにもどってきますわ」

犬について山へ入ろうか……。

猟は小グループで山に入る。二、三人の時もあれば四、五人の時もあり、決まっているわけではないが、顔ぶれはだいたい同じになるものだという。

その日、勝山をさそいにきたのは下西昇猟師であった。

下西のもうひとつの仕事は、京都府庁の職員である。

「狩猟の担当してましてネ、仕事で。ただし、獲るほうでなくて、取締るほうやけど」

下西の姿を目にしたエスが喜んで小舎からとび出し、猟に出る用意をした勝山を見つけると哀願するように鼻をならした。

「よう知ってるんですわ、行くかどうか」

エスは私にも愛想よく、ちょいと尾っぽをふってくれたけど、較べようもないほどのはしゃぎかたであった。

鉄の鎖ではなく、細い麻縄を首につなぐだけ。下西が車のトランクをあけると、ナレタモンヤ、という顔をして、ひょいととびこみペタリと腹這いになった。

だが、車ではほんの数分走っただけ。道は深い雪に埋もれ、車で走れたものではないのだ。見ると車の先には、人が歩いたと思われる踏跡もなく、タイヤの跡も、ない。ちょっと足を踏み出してみると、軽くひざのところまでズズッと沈んだ。

まだ山の入口だったのだが……。

トランクから出されたエスが、まずウォーミングアップというふうに、ヤッと片足を上げ、雪中で御叱呼を。終わると見向きもせず躰を埋めるようにして駈け出した。下西が先頭を歩き、勝山が続く。私はその踏跡をたどるようにしてついていく。山に入るほど雪が深くなると思われた。

「よく積もっている……」

「今年はまだまだ。これからですヨ。二メートル積もることもありますワ。しかし、雪は年々少なくなるみたいです」

歩いていた勝山が、オ、という顔をしてふいに立ち止まり、

「……?」

背をかがめて雪上に目を凝らす。うっすらと何やら足跡らしいものが見える。勝山は足跡のひとつを、サッと手ではらった。つけられた足跡の上にフワリと積もった昨夜の雪をはらったのだ。はらったあとには、ケモノらしい足跡がついていた。

さらに歩いたところで、下西とエスの足跡が、ふっつり消えている。

「……?」

「山に入りましたンや。下《しも》に出すか上《かみ》に出すか……」

もう少し進んだところで勝山が止まった。

「出るならあのへんから出ますデ」

指をさされた方を見ると、筋のようになった疎林が上の方からなだれ落ちている。

「熊ですかネ……」

「熊にはちょっと早いナ。だいたい寒をすぎればよろしいけどネ。熊まわしのときは山を歩きまわりますヨ」

約三十分たった。勝山は、フッと軽く息を吐き出し、下の方へ歩き出した。歩いていくと、犬が走ってくるのが見えた。

「ア、おりてきたナ。おらんかったか」

犬のうしろに、猟師の姿があった。伊藤弘猟師。猟歴十余年のベテランである。伊藤猟師は〝チロ〟という犬をつれていた。相談も打ち合わせもなく、

「わしは下にいってみる」

「ほんなら僕は上手で待ちますワ」

当然というように合流した。そのあとも、勝山は何度か下手と上手を行ったりきたり。信じられない健脚。私は靴下の中にひそませた唐辛子に感謝しながら、黙ってついていく。立ち止まると、一本の木、一叢《ひとむら》の草、一塊の石となり、雪にとけこんでただひたすらに待つだけ。

「勝山さんはいまも熊まわしのときは若いモンと同じように山を歩きはりまっせ！」

「……」

そういう伊藤猟師が、まだ猟をはじめたばかりのころ。ある日、熊を求めて山に入ったことがある。

「おりそうやナ、と思われる木カブを見つけて、のぞいてみたんですナ」

ところが、中は空。が、たしかにそこにいたことはまちがいなさそうであった。伊藤猟師はおかしいナ、と思いながら、ふとうしろをふり向くと……！　鼻先に、歯をむき出した熊の顔があった。

「あの時はびっくりしましたデ」

あわてて銃を撃った。二発、三発。それを見ていた勝山は、

「伊藤、それはもう死ンどる。もう撃ったりな」

熊は即死しても、ノドをゴロゴロならしているのだそうだ。新米のころの、懐しく、二度とないほど恐ろしい思い出だという。

その日、途中から雪のふりがひどくなり、猟をあきらめることになった。だが、どういうわけかエスがもどってこないのだ。

「何ゾ獲物を追うてるのやろけどナ」

獲物がいなければ戻ってくるはずだ。

解散して勝山と私が帰ってから、一時間ほどたっただろうか。全身ズブぬれになり、疲弊したエスが帰ってきた。

「オ、エスや、おまえ、何を追っかけてた、何ゾおったナ……！」

勝山はエスの躰を拭いてやりながら、やさしく、鋭く、厳しく、いった。刺すような目であった。

エスは寝床の箱に入ると、ドタリと眠りはじめた。

ところが、そのすぐあと。解散して帰る途中の伊藤猟師から、大ジカが谷を〝渡《き》った〟という連絡が入った。もう夕暮れにちかい。と、勝山は驚くほど早く用意をし、

「エス、行くデ！」

あれほど疲れていたと思われたエスが、ダッと起き上がると、ふりしきる雪の中を走り出したのだ。再び三人の猟師が夕暮れの雪山に鹿を追う。さまざまな判断の結果、どうやら川を渡ったのではないかということになった。勝山はダッダッと川原におりると、アッという間に水の中に入っていった。

「鹿が渡ったなら、川底の石がめくれているんです」

「誰でもやること、ですか？」

「イヤイヤ……勝山さんみたいなホンマの猟師はもうほとんどおらんでしょう」

下西が呟いた。

川面に雪が霏々《ひひ》と降る。冷たさが滲みこむような水の中に勝山は立ちこみ、立ち止まっては射るような目で沈んだ小石を見る。薄暮の中に見た強烈な気迫であった。

獲物が獲れれば、その夜、猟師はしたたかに呑む。それはスゴイ呑み方なのだというが、今夜はその宴にあずかれるか、どうか。

「犬にはネ、獲物の臓物をやります」

すると犬はとてつもなく喜び、ウンと力《りき》をつけて明日の猟にそなえるのだ。

真っ白な雪が見えるだけで、あとはシミも見えないほど暗くなっていた。勝山は気が遠くなりそうなミクロの作業を続けている。私は言葉もなく、ただうなだれてあがってくる勝山を待っていた。わけもなく躰がふるえていた。積もった雪をひと握り手にとって噛りつく。

「酒でも、呑もか」

勝山がポツリと呟いた。

勝山老人の猟に同行したのは一九八一年。その三年後、私は勝山老人の住んでいる家に近い芦生に行くことがあったが、老人の消息を聞いてみると、老人は前年に現役をひき、もっぱら若手猟師の相談をしながら余生を楽しんでいるとのことであった。

やさしき狩人の生きざまは、勝山老人の心の中で生き続けているのだ……。

京都修道院村

日向院主と八人の村人〔京都〕

平和主義、聖霊主義をうたい、北山の奥深くに建てられた京都修道院は、まさに魂の長養の場、そのものであった。

敦賀《つるが》街道を北上し、大原を抜けてしばらく行くと三谷《みたに》という小さな谷がある。見谷ともミタニとも書くが、杉林や石楠花《しゃくなげ》、辛夷《こぶし》や藤が美しい小谷である。私もよく入る谷であるが、いつもは途中にある〝みさやま山岳会〟の山小屋あたりまで行くだけで、峠を越えたことはなかった。

だが、ある日、ちょっとした気まぐれから、峠をめざしてみた。薄暗く、ジメジメした山道。拳《こぶし》より大きい蛙や青大将、マムシ数匹に〝歓迎〟されて約一時間半。さらに急な隘路《あいろ》を一気に登ってやっと峠に出る。峠は眺望抜群というほどではないが、それでも樹間をぬう緑の風は汗にまみれた肌に心地よい。ちょっと休んで、三分岐した道のひとつに入り、反対側に下ってみる。クマザサ、喬木、蔓のからまるヤブをかきわけて下っていくと、川の流れる音が聞こえた。ふいと前方を見て、

「あっ?!」

思わず目を瞠《みは》りたくなるような瀟洒な白い建物が樹間越しに見えた。それは夢のような現われかたであった。にわかに好奇の虫が目をさまして、意外に流れのある安曇《あど》川源流を渡る。道を上がって門前に立つと、「葷酒《くんしゅ》山門に入るを許さず」と書かれた文字が目にとびこむ。さらに、〝仏教とキリスト教を調和〟〝平和を願う〟という文字が読め、傍らに小さく「京都修道院」という字があった。

この後、ルートはちがったが三度峠を越えて、三度門前に立ち、三度この文字を読んだ。そして最初の時から五度目に、初めて修道院の門を入り、〝住人〟と会った。私は汗を流しながら、

「スゴイところですネ、ここにどんな人が住んでいるのかと……」

「……思われましたか。ここは魂の長養の場です。疲れた心を癒すネ。いまは院主の日向美則《ひゅうがよしのり》先生と四人の修道士、二人の修道尼、それに二人の〝村人〟が住んでいますヨ」

「それだけ?　それが村の全住人?」

「そう、それだけ。今は、ネ。もっともお客様は多いですけど」
驚いたような顔をしている私を見て、野々山宏修道士が穏やかに微笑する。

あらゆるセクトを超えた修道院を自分たちの手で作ろう……そんな夢のような構想が生まれたのは一九七二年のことである。それまで彼らは洛西梅ケ畑にあった仏教修道院に在院していたのだが、その修道院は遺族の意志によって閉鎖され、とりこわされて遺族の個人財産となってしまった。一九七一年のことである。修道院を失った彼らはその日から〝さまよえる小羊〟となった。

棲家を失った小羊たちは、自分たちの手で、万人のための〝安息の場〟を作ろうと構想、その活動をはじめた。もしもどこかの山林が手に入るなら、とりあえずそこに山小屋を建てて出発しよう……それは彼らの〝燃ゆる悲願〟であった。燃える心の灯と〝夢のような〟構想はあったが、彼らには金もなく、土地もなく、スポンサーがあるわけでもなかった。その構想を前に、誰もが〝スバラシイ、偉大ナコト〟と感動しながらも、〝ユメノヨウナハナシデスネ〟と重い溜息をもらした。

果てしなき〝夢〟への船出。気が遠くなりそうである。

世界宗教各派の対立や宗教性を否定し、仏教の原点、キリスト教の原点、世界宗教

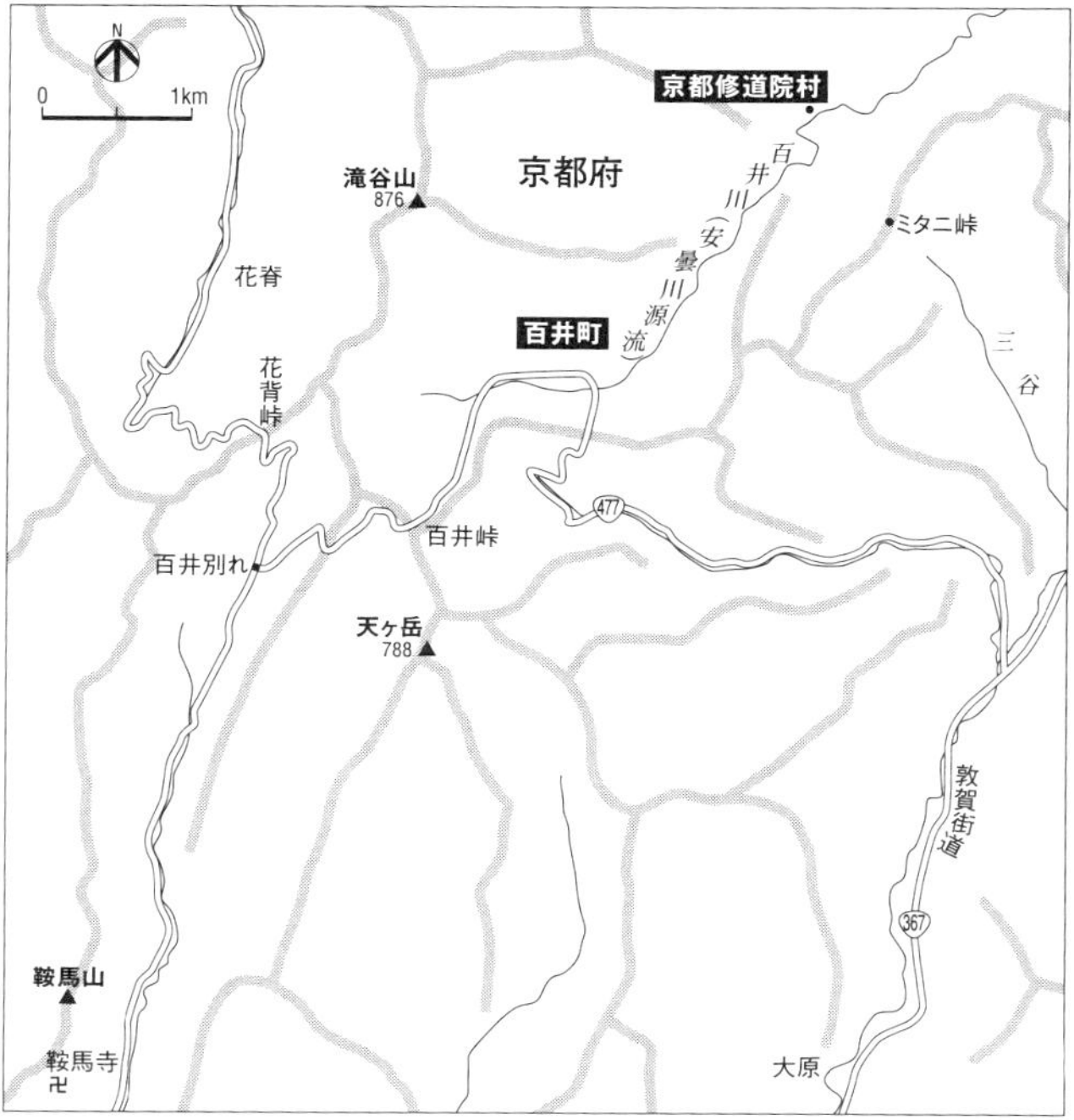
N
0
1km
京都修道院村
京都府
滝谷山
876
百井川(安曇川源流
ミタニ峠
花脊
百井町
三谷
花背峠
477
百井峠
百井別れ
天ヶ岳
788
敦賀街道
367
鞍馬山
鞍馬寺
大原

の原点に帰った平和主義、聖霊主義の立場をとるという。

「宗教を超えるもの……」

「超宗派っていいますか、マ、仏教に属する修道院ですけど、いわゆる〝宗教の害悪〟ということの反省から、セクト的なものを排してあらゆる異教徒、あるいは無神論者の人たちとも仲よく結びあっていこうと……」

そういう修道院を建設するための理解を求め、広く訴えようと托鉢団《たくはつ》を結成。目的をはっきりさせるために修道院托鉢団とした。さらに、際限のない目標に心がくじけないように建設まで三年という期限を設定。

「あれは四十七年（昭和）の祇園祭りにちかい夏の暑い日だったと憶えています。私は大学一回生でしたが、今のような広大な自然の中に、こんな立派な修道院がほんとにできるのかどうか、雲をつかむような思いがあったですネ」

だが、とにかく信じて第一回目の托鉢に出かけたという佐藤修道士は、〝夢のような〟修道院が落成する一九七五年四月から、修道院生活に入った。

ところで、一回の托鉢で得られる協力金は二千円ほどである。また『燃ゆる悲願』と題した手記を出版したが、これは製作費を考えると建設費にあてることはできない。つまり、托鉢だけでは目標の三年どころか百年はかかると思われた。だが彼らは、雲をつかむような夢への日々ながら、根となる修道院実現へむけて黙々と托鉢に歩き、京都中のコレと思われる土地をさがしまわった。一年が過ぎ、それでも二百万円ほどの募金が集まっていた。

そして、夏。

京都祇園のほとりに、滋賀県のある富豪が一九二三年に建てた由緒ある名邸があった。この名邸をとりこわし、鉄筋五階建の店舗、マンションを建設することになったが、もし修道院に希望があれば建材を利用してもらって結構という話が持ちこまれた。否も応もない話であったが、解体、輸送、復元のための費用は莫大なものである。しかもそれを移すための土地も木材を置く土地も、ない。といって手をこまねいていてもどうにもならない。

土地だ。とにかく土地をさがそう。それも年内に修道院を建てる土地を決めよう……。


一抹の寂しさを残して秋風が吹きすぎ、やがて冬になった。凩《こがらし》が吹きすさび、有名な京都の底冷えは日ごとに厳しく感じられる。土地はいぜんとして見つからなかった。というより、情況はますます困難さを増すかと思われた。有望な土地は溜息は出ても手も足も出ないほど山奥まで資本家によってことごとく買い占められている。コレと思われる土地があっても市街化調整区域に入っていたりしてどうにもならない。

十二月もおしせまり、一九七二年も暮れていこうとする冷雨の降るある日。京都の北山にちょっとした山林があると知らされた。彼らはさっそく見にいこうと、出町柳にある不動産会社に立ち寄った。

見知らぬ客が一人、ストーブで煖をとりながら、

「どこに行かはりますンや？」

と聞く。

問われるまま彼らは〝幻の土地さがし〟と修道院の構想を言葉少なく話した。

「そりゃ大変やナ。けどきょうは吹雪や、こんな日ィに行くのはやめといたほうがヨロシ！」

だが、吹雪をついてでも彼らはその土地をひと目見ておきたかった。自分たちの目で確かめておけば、たとえ再びダメでも諦めがつこう……。とはいうものの山は客のいったとおりすごい吹雪であり、厳しく辛い山行となった。しかもその山林は地形的にも地理的にも修道院を建てるには無理があった。今さら無理をいっていられない気持ちの彼らではあったが、それでもやはり無理であった。

「やっぱり……」

ドッと疲労感がのしかかった。このまま徒労に終わるのだろうかと思いながらも、

「イヤイヤ、マダマダ、ドコカニ」

という気持ちが錯綜する。夢の土地を想い、冷雨に打たれて山をおりる。

「オ、アンタたち……」

帰路、さっきの不動産会社で会った〝客〟と偶然出会った。だが、この偶然こそ彼らにとって決定的ともいえる運命の糸であったのだといっておきたい。

「よくやるヨ、そんなことならナ、私の山林を自由に使うたらヨロシ。やれるとこまでやったらヨロシ」

「……」

「百井《ももい》にナ、四千坪ほどある……」

「四千坪?!」

この〝客〟は大原百井町の地主、久保恭一さんといった。偶然ついでにいっておくと、私は修道院からの帰り、道端に出ていた久保さんと出会った。野々山修道士からそう教えられ、ごく平凡な農家のオヤジさんといったふうな久保さんを見ながら、

「この人が!」

「そうです。あの人です」

柔和な目が印象に残った。

とにかく、その申し出に彼らの熱い心は揺れ、好奇心が動いた。案内されて行ってみると、そこはたしかに山の中であった。美しい清流が流れ、高原情趣に満たされている。北山を愛する山好きがくる。野生動物が遊ぶ。ミタニ峠と皆子《みなご》峠への分岐点でもあった。春には木蓮、山吹、石楠花などの花が咲く。空気が甘い。水がウマい。

だが、山は山である。ここに修道院を建てるというのは不可能にちかい……。誰もがそんな感想を抱いた。それでもなお彼らが山林の開拓に自らの手でとり組み、自らの手でひとつひとつをつくり上げていったのは、やはり〝夢にまで見た〟土地だったからだろうか。

土地を得た彼らを待っていたのは、夢の実現とはほど遠く、想像を絶する苦闘であった。大きな切り株との格闘。木材の運搬。整地。大工仕事……。

ある日、こんなことがあった。材木、建具、ブロック、セメント、砂などを積んだ三台のトラックが修道院の建設現場へ向かおうと、鞍馬街道を通り、百井別れのバス停を右に、急な細道に入った。道は積雪で凍結している。先頭のトラックがオーバーヒートして、動けなくなってしまったのだ。

「荷を軽くしようとブロック、砂袋を降ろすなどアレコレ手を打ったんですがアウト。でもネ、そこに久保さんの車が通りかかられたんです」

偶然のことだった。氷解剤がまかれ、トラックの荷は久保さんのトラックに積みかえられ危機を脱出。

「その夜は久保さんのお宅に泊めていただきましてネ。百井町の方々との交流が親密になるきっかけだったですヨ」

修道士の中ではいちばん早く修道院生活に入った上田明鑑修道士が懐しそうにいう。

「私はネ、せっかちなんですヨ」

上田修道士は笑うが、彼は富山で学生生活を送ったあと、大津市の某会社でサラリーマン生活を七年間続けた。

「ところが自分の携っている商品がベトナム戦争特需品であることを知りましてネ。それはショックでした。だって自分の意志に反して人殺しの手助けしてるわけでしょう」

それを契機に彼は座禅サークルに出てみたり、さらには曹洞宗の寺で在家得度。そんな中で日向院主の著作集に触れるうち、修道院托鉢団を知り、参加したことからはじまる。

「毎日が慣れない肉体労働でしょう。躰がフラフラになったり、面喰らったりでネ。生まれて初めてツルハシやスコップを持って山を削ったり、整地したり。金槌で釘を打たず自分の指を打って悲鳴をあげたりでネ」

そう語るのは一九七三年九月から修道院生活に入った村尾学修道士である。

「僕は寒さだナ。プレハブ小屋の中でネ、夜なんか煖があっても寝袋の上に布団をかぶって寝てもまだガタガタ。あれにはまいっちゃったナ、ホント」

と野々山修道士。

険しく、厳しく、不可能と思われた山林にひとつ、またひとつ彼らの手で彼らの〝夢〟が実現されていく。水道は知恵をしぼって谷川からえんえんとパイプを引いた天然の水。炊事。水洗トイレ。風呂。あの水、またこの水、すべて谷川の清い水である。ガスはプロパンガスだが、やっとのことで配達してもらえるようになった。それまでは百井町から、エンヤコラと担いで運んだのである。冬などは雪の上を転がしたりすべらせたり……。

電気はまだ、ない。一応、自家発電の設備はあるが夜のほんの数時間だけ動かされ、いつでもスイッチをひねれば入るというわけではない。夜。十時半。私は一カ月前から来ていた熊本の客人、五嶋啓太さんと話しこんでいたのだが、村尾修道士がランプを持ってきてくれた。

「……？」

「自家発電ですタイ。エンジンが止まると自然に電気が消えッとですヨ」

五嶋さんのいったとおり、電気はスーッと消えた。真夜中でもどこかから人光のもれてくる部屋で暮らし、電気が空気のようになってしまっていた私は、何やら忘れ物をしたようでもあり、大きな拾い物をしたようでもあった。

「さ、明朝《あす》が早いですから、もう寝るですか」


闇の中で青白い灯が飛游している。灯はゆっくり点滅しながら、スーと暗い谷間に消えてゆく。螢が飛遊する灯だった。十数年ぶりに見る螢はやはり趣があった。それは真夜中にふってくる雪のようであった。〝平和の家〟の二階、総計二十七畳半の部屋でひとり、私は螢を見ていた。

修道院村には礼拝堂、中央本館、集会室、平和の家、百默庵、それに村人である西堀善治郎さんの住む摂取庵、ニュージーランドから入村したマックギルさんの家が建っている。私が泊めてもらった平和の家は山腹を上下二段に分けて造成して建てたという特徴あるものである。この平和の家と本館を合わせると最大収容能力二百人。そしてこの三階には、キリスト教式礼拝室、禅堂、瞑想室、ベランダ兼物干があるが、このベランダ、ちょっと出てみると、星や月を眺めるのに最適と思われた。星も月も美しいのだ。

午前五時半、修道院のお勤めがはじまるが、これは客人には〝強要〟されない。各人各様宗旨、主義、生き方にまかせられる。私は五嶋さんに連れられて、禅堂に入り、四十分ほど生まれて初めて座禅を組む。何かを考えたようでもあり、静けさに身をまかせて何も考えなかったような気もする。俗でもあったし聖でもあった。あるいは、昨夜の五嶋さんの話を思い出していたような気もする。

昨夜。五嶋さんは、

「コレが宗教だと誤解されてはホントに困るのだが」

とくどいほど前置きしてポツリと話してくれた。

ある時、ある妊婦が産気づき、産婆さんが駆けつけた。ところが、どう見ても母子ともに危機であることが一見してわかった。その時、何を思ったか妊婦の姑サンが、スルリとお札を妊婦の口に飲みこませたのである。アア、と息を呑んだが妊婦は無意識ながらそれを飲みこんだ。そして何時間かあと……。赤児を出産したが〝予想どおり〟紫色の赤児が生まれてきた。が、かすかながら息がある。そこで産湯に入れると、ギャーと第一声。助かったのである。産婆サンがギュッと握りしめた赤児の手に気づいてそれを開いてみると、ナント！　妊婦が飲みこんだお札を握っていたというのである……。くれぐれも誤解のないようにいっておくが、これは事実であり、そして、これが宗教ではない。ただ、世の中にはそういう〝信ジラレナイ〟ような、ウソのようなホントの話もあるのだ。あるいはアナタにもそんな経験があるのではないだろうか……。

村人の西堀さんの家を訪ねる。

「ここはネ、村でもいちばん眺望のええ場所にありますんや」

かなりの〝高台〟である。かつて家が建ったとき、石垣がなかった。雨がふると道は川のようになって、土を削っていく。

「こりゃいかんと、菜園をつくる時に出る石をここに積んだんですが、そのとき石を持とうとヒザをついたら、ガンとやられましてナ」

菜園は家のすぐ隣にある。約三アール。ここでできる野菜は修道院の食事になる。だが、その畑での野菜作りは困難を極めた。土質が悪い。悪すぎた。

「石を除いて土をフルイにかけますやろ、それから土質改良ですワ。やっと去年の夏ぐらいですかナ……」

まだある。野犬が掘り返して根こそぎダメにする。カラスが突っつく。虫が喰う……。

昨年など他所へくばるほどキャベツの収穫があった。だが、

「今年はご覧のとおり、トマトが全滅です、ベト病ですワ……」

まだまだ修道院すべてをまかなうところまではいかないが、いずれはネ、と西堀さんは笑った。

「それが夢？」

「マ、そうですナ。欲ちゅうのをかかんようになりましたワ」

そういって柔らかく微笑する。

修道尼がいる。桑生《くわお》慈光尼と山本真澄尼である。年間約千五百人ある客人の世話。山ほどある布団、物品の管理。食事の世話。来客の接待。衣の補修、仕立て。ミシン仕事。花壇の世話。花活け……多忙である。

桑生修道尼は動脈硬化に侵されたとは思えない穏やかさである。ちょっと口がしゃべりにくそうかと思われたが、桑生修道尼はふとこんな話をはじめた。嫁ぎ先に、一人の子と姑がいた。姑は病臥にあったが、何かにつけ桑生さんに〝辛く〟あたる。ある時、

「長い目のヒモを縫うてきて……」

といわれた。桑生さんは一所懸命に縫って持っていくと、

「長すぎます。アンタこれで首が吊れますか」

またある時、姑を風呂に入れてソッと背を流していると、

「イタイ、イタイ、アンタの手はトゲがあるみたいや」

子供は、

「お母ちゃん、おばあちゃんは何してもワガママなんやから放っといたらええのや」

という。だが、

「何いうてるの。そんなことないヨ、それやったら救いがないやないの……」

桑生さんは、僧籍の嫁として、

「お母さん、念仏唱えはったら楽になりますヨ」

その途端、

「アンタ、マァ、私に死んでくれというのか」

打つ手がない。救いがない。

「で、ヒモを縫いなおしてからどうなりました……？」

「それがネ」

桑生さんの声が詰まった。

「亡くなる十日前に……ザンゲしやはりました。私は、もう……それで、十分」

やはり、人は報われるのだろうか。

「えらいすまんことやった。アンタにはイケズばっかしして、ホンマにかんにんして」

姑はそういったという。


帰路、峠を越える。

野々山修道士がマックギルさんとともに、小さなキャブトラックで町まで走ってくれる。マックギルさんとは錆びついたいんぐりっしゅを駆使して話してみた。マックギルさんは、ニュージーランドにいる時、島から島へ渡る船もこんなふうに揺れた、といったし、ベトナムの友人、故郷を失ったが、小乗仏教徒だけど、今は音信ないので、サテ、どうしているか……というような話をしていたと憶えている。

「サンキュー、どうもありがとう」

私がいうと、大きく、柔らかいがタジタジとなるような強い力で、メダカのような私の手を握った。

修道院は深い山の中にある。私は汗を流して峠を越えた。

一九八六年二月。京都修道院発行の〝東洋の宝珠《ユベーロオリエンタ》〟に、最近の模様が報告されていた。

いま、百井から修道院までの道路は舗装され、さらに、川を隔てた向かいの山腹を走る大型道路の工事もはじまった。

「これは京都市が昭和五十四年に計画を発表した大見総合公園造りに関連した道路新設工事で、大原の小出石《こでいし》から大見町を抜け、さらにその奥の花背大布施町までの道路を新設するもの」

そして、「トンネルを抜けるとそこは桃源郷であった、そこには白亜の修道院があった、と京都の新名所になるかもしれません」とも書いてあった。

北山も、変わりつつあるのだ……。合掌。

〈文庫版付記〉
京都修道院はその後も活動を続けたが、二〇〇六年に創立者の日向美則師が遷化（逝去）されてしばらく後、活動は少なくなり、停止状態になっていると聞かされた……。

職業的釣り名人

松岡武雄〔岡山〕

イワナを追って二十余年、百戦錬磨の奥義を極めた釣りは、〝技〟というよりは〝術〟と呼ぶのにふさわしいものだった。

鬱蒼とした樹木に覆われた薄暗い溪《たに》。ヒヤリとするほど冷たい水に洗われながらも、なおその水に抗《あらが》い、頑として動こうとしない大岩から、颯《さっ》と〝影〟がすべり出た。昼なお暗い溪を動くその〝影〟は溪を吹きぬける一陣の風のように、音もなく、迅《はや》い。〝影〟は、大岩のすぐ上にある深淵の手前でピタリと止まり、溪の中にとけこんだ。一本の木、一塊の岩、一叢《ひとむら》の草……〝影〟は、枝となり、石となってコソリとも動かない。

いや、動かないのではない。動くのがまったくわからないほど〝影〟の動きは溪の中にとけこんでいたのである。なぜなら、次の瞬間、瀬の辺りから突然、驚くほど鮮やかな魚鱗が躍り出て、宙に翔んだことからも、動いたらしいと察しがつく。躍り出た魚鱗は、弾《は》ねるというより、空に向かって舞い上がる一閃《いっせん》の光玉に似ていた。魚鱗は息を呑む間もなく〝影〟のいるところに吸い寄せられ、消えた。

「ヤリマシタネ！」

私が呟くと〝影〟は、心もち首を持ち上げて、ニッと満足そうな微笑をもらした。微笑した〝影〟は、松岡武雄といった。岡山県吉井川源流域の村で生きる職業《プロ》釣り師であった。

松岡は広島県の生まれだが、四歳の時、現在住んでいる苫田《とまだ》郡上斎原村《かみさいばらそん》（現・鏡野町）に移り住んだ。釣りはそのころに覚えたものだが、何しろ家のすぐ前が渓流、だから釣りといえば渓流釣りで、海や清流の釣りをやることなど思いもしなかったという。

ところで、上斎原村は岡山県最北部にある村で、鳥取県との境にちかい。北に人形仙（一〇〇四メートル）、人形峠（七三九メートル）、三国山《みくにがせん》（一二五二メートル）をはじめ高清水高原や恩原高原、また東には三十人ヶ仙（一一七五メートル）、南に花知《はなち》ヶ仙（一二四七メートル）、三ケ上山《さんがじょう》（一〇三五メートル）などが累々とそびえ、全村の九十パーセントが標高六百メートル以上という、まったく山の中の村なのである。

岡山といえば瀬戸内海に面し、海釣りのメッカだと思いがちだった私は、岡山にこれほどの高峰を持つ山があり、しかも山々から流れる渓水の中にイワナが棲む所があるのだと知って、驚いてしまった。

ただし、これらの山から流れ出るすべての渓にもイワナがいるわけではない。県下でイワナが棲むのは、吉井川水系の河川だけに限られている。しかも、吉井川水系でも、吉野川源流、加茂川源流、赤和瀬川源流の三つの河川にしか棲息しないとされているのだ。

「この辺りの岩魚《タンプリ》は、二十五年か二十六年前に、村の釣り好きの人が、どこかで釣ってきた天然のやつを放したのが繁殖したものでね、だから私の子供のころにはタンプリはおらず、天子《ヒラメ》ばっかりやった」

タンプリとはイワナのことで、ヒラメとはアマゴのこと。地方の呼び名である。

松岡の経験からすると、この辺りの渓には二種類のイワナがいるという。

「ひとつはいやに黒っぽいやつで、ゴギというのかな。それにもうひとつは赤い斑点のあるヤマトイワナというやつや」

松岡はそういったあと、自分は特にイワナの研究をやっているわけではないから、

鳥取県
三国山
1252
岡山県
上斎原村
(現、鏡野町)
三朝町へ
高清水高原
恩原高原
人形峠
辰巳峠
人形仙 1004
鬼原湖
三十人ヶ仙 1175
三ヶ上山
1035
吉井川
花知ヶ仙
1247
奥津温泉
津山へ
N
0
2km

いちいち詳しく調べたわけではないけれど、まず間違いなくそう思う、とつけ加え、

「マ、どっちにしても釣り方は同じ。それにヒラメに較べればタンプリのほうがずっと釣りやすいけぇね。一度や二度釣り落としても、タンプリなら喰いついてくるし、警戒心が薄いんか、エサを流してやりゃあ、何の疑いもなしに出てきよる。じゃけぇ、釣っとってもあんまり面白うないワ」

「……?!」

啞然とする私を面白そうに見ながら、松岡は、イワナなんて釣りたくもないヨ、とでもいわんばかりに、ケロリといってのけた。

松岡のいった〝ゴキ〟とは、一九二五年にアメリカの魚類学者ジョルダンが、島根県産の標本によって新種としたもので、現在ではアメマスの亜種とされているイワナである。

ジョルダンの原記載では〝無数の円形灰白色の斑点が背部、体側、頭頂にまであり、その斑点の大きさは瞳孔より大〟となっているそうである。

松岡は、職業釣り師である。とはいっても、今の世の中、釣りだけで生計《なりわい》を立てていくのは至難のこと。

「私、普段は役場に出てるんです。釣り仕事ではメシ喰えん世の中になってますけぇ」

ちょっと前の時代には〝幻〟という字が冠されたイワナやアマゴ、ヤマメも、今や養殖技術の発達で、養殖場へ行けば池のコイなみにウヨウヨ泳いでいる。反対に天然の渓流魚は激減、また激減。かつては職業釣り師の得意先であった料亭や旅館も、天然モノだの何だのと面倒なことをいわず、手軽に簡単に手に入る養殖モノを使うところがほとんどになってしまった。

上斎原村の数キロ下にも、奥津温泉という日本有数の温泉観光地がある。渓流の産湯を使った山間美人の娘さんたちの〝足踏み洗濯〟で知られる所で、温泉旅館や料亭もあるから、いい得意先になるのではと私は思ったのだが、

「私の客は普通の人。料亭や旅館には入れてないです」

喰うならぜひとも天然モノ、ピカピカの野生育ちの渓流魚をと熱望する人、なかでも食通の人だというのである。

「料亭に食べにくる客の舌も、最近はオンチになったのか、養殖のニジマスを食べさせてもうまいという。ニジマス出して、イワナじゃいうても何の疑いも持たん人もおりますけぇ、ハァもう話にならんでしょう」

彼は微笑しながら、しかし、痛烈に、鋭く呟いた。

だが、それはそれ。松岡は依頼があればピタリと注文の量を釣り上げてくる。彼はイワナやアマゴの〝量〟を口にするとき、尾数ではなく、キロでいう。

「腹をさいた標準サイズ、十八センチから二十数センチほどのやつやったら、一キロで二十五尾ぐらいかね……」

松岡は釣りに出かける時、大、小のビクふたつと、クーラー一個を持って出かける。ビクは、腰にブラさげるビクではなく、ショルダーバッグのように、ベルトがついていて、肩から吊りさげるようになっている。竹で編んであって、凹型のフタがついている。

「この小さいビクで約三分の二ほど入れると三キロ。クーラーいっぱい入れて十キロ入りますわ」

三キロ、つまり七十五尾が入るビク。これで小さいビクだというから、普通、釣り道具屋で売っているビクより、いかに大きなビクかということがおわかりいただけるだろう。しかも、クーラーなら何と二百五十尾。

「一度出れば、まぁ間違いなくクーラーいっぱいは釣ってきますよ」

「……！」

私があきれて、言葉もなく感嘆していると、

「だって、私しゃあ商売でやるんじゃけぇ、ちょこっと釣ったて話にならんでしょう」

それはそうだが、これがすべてピカピカの天然モノなのだからスゴイ。これほど釣り上げて、魚は少なくならないのだろうか。私が聞いてみると、松岡はひとこと、

「ならんね」

と呟いた。ただし、小さい魚はすべて川に戻す。釣るのは標準以上。ちょっとでも小さいと思ったら、すぐに水に帰す。こうやって二十年以上、松岡は釣りで生きてきたが、魚が減っているとは思えない、という。

「ただし、釣り人は増えたね。この辺りの川にも、大阪をはじめびっくりするほど遠くから来る人もいる。せっかく来たんやからという気があるからか、小さい、かわいそうなぐらいの赤ん坊釣って喜んどる人もおるよ！」

川を仕事場に生きる松岡には信じられない光景だという。

とにかく、奇妙としかいいようがない。

職業釣り師というより、職業〝的〟釣り師。技というより術。

話を聞いているうちに、私は彼の〝術〟を、ぜひともこの目でみてみたいと思いはじめていた。

松岡のやり方を見ていると、ことごとく渓流釣りの〝常識《セオリー》〟を打ち砕かれるような気がしてくる。実際に、私は彼の釣り姿を見ていて、これがホントに渓流釣りか、イワナやアマゴなど、繊細にして微妙、敏感にして鋭敏な渓流魚が釣れるのだろうかと、しばしば不安に思ったものであった。だが松岡は、百戦錬磨の経験からくる力量の深さを思う存分見せつけてくれたのである。

「さて、行こか」

茶飲み話に花をさかせていた松岡が、ボソリと呟くと、立ち上がり、スタスタと自家用の軽トラックのところへ歩いていく。

「……?」

装備するのかと思う間もなく、そのままエンジンをかけて発進。

松岡の釣装《スタイル》は、ちょっとその辺りまで散歩にでも行こか、といった風情の、いたって普段のままの軽装である。ブランドものはもちろん、ベストも釣り用ズボンもなし。チョンと野球帽をかぶり、持ち物は何もない。

山あいの道を五分か十分ばかり走ったところで、車を路肩に寄せて止める。渓流の釣りといえば、新聞記者か何かのように、夜うち朝がけ、陽のないうちに走らなければ釣りにならないといった〝常識〟は、彼には通用しない。

「時間？　関係ないね。釣りになるかどうかは風の具合でね。釣期《シーズン》に入ると北風の日はよう釣れる。つまり寒い日のほうがええ。朝マズメとか夕マズメというのは水温が低いから、そのタイミングを逃がしちゃいけんというんでしょうな」

松岡が〝仕事〟で出かける釣り場は、イワナのいる吉井川上流、それにアマゴの高梁《たかはし》川近辺である。

「遊びやったら遠くへ行くこともあるけどねぇ……。例えば、鳥取の天神川とか千代《せんだい》川、広島の太田川上流とか島根の匹見川。けど、遠くまで行っても仕事にならんですけぇ、これはあくまでもアソビじゃ」

彼は軽トラを降りると、荷台に積んであったウェーダーをはき、小さいほうのビクを肩にかけて、スタスタと斜面を下りはじめた。ビクは口が楕円形で、茶ツボに似た外形をしている。

右手には仕舞いが四十センチほどのカーボンの溪流竿。超硬調の先調子の竿であるらしい。仕舞った竿には、クルクルと穂先にとりつけたままの仕掛けが巻きつけてあった。

渓に入り、彼が最初にやることは、エサにする川虫採りである。渓流釣りに詳しい読者諸兄ならすでによくご存知のことと思うが、川虫をエサにする渓流釣りについては、虫採り二時間釣り一時間などと、俚言、格言、教訓、忠告、さまざまな経験と知恵を感じさせる釣り師の名言が伝えられている。たしかそのはずであったのに松岡の川虫採りは、わずか三十秒とかからない。極端にいえば、アッという間もなく、二百匹以上の川虫を採っているのである。

しかも、川下に虫採り網を置き、川上の虫のいそうな川石をゴソゴソ動かす、なんて面倒なことはいっさいなし……！

岩と岩がぶつかりあい、V字形になった岩峡を水が流れている所がある。水勢のある川水が岩肌を舐め、削るように流れ、落ち込みにかかる先端の所で白泡を立てる。彼はぶつかりあっている岩の片方にとりつき、水際にしゃがみ込んだ。そして、腰からタオルを抜きとり、水の中に突っこむとサッと岩肌をぬぐった。これで終わり。だが見ると、タオルはゴソゴソ、イソイソ、百匹以上はいると思われる川虫が蠢《うごめ》いているのだ。驚いたの何の……。

「これで約二十回はいけるかな」

いいながらどっぷりと川水を含んだタオルを軽くしぼり、川虫をはさむようにして折りたたみ、ビクの中に入れた。

鉤につける川虫は二匹以上である。その理由は鉤をかくすというのが主な目的だ。

「大きい川虫、例えば鬼チョロなんかだったら、一匹でいいんじゃないですか？」

渓流釣りの〝常識〟に従って、私が聞いてみると、

「いや、だめだな。大きゅうても小さそうても二匹はかけんといけん」

彼は即座に、きっぱりといいきった。

「ヤツらは想像できないほどよく見とります。私、黒い鉤を使うとりますけど、塗装がちょっとでもはげて光ってる所があると、絶対に喰いませんわ」

目がいい。勘がいい。鋭く、ナイーブにヒラメやタンプリはサバイバルしているというのである。


松岡の釣りを見ていて、さすがは職漁《プロ》と唸らせられたのは、数を釣るということはもちろん、妙技とも思われるその釣り方である。

仕掛けは、いわゆる〝チョウチン釣り〟だが、これまた〝常識〟にはないやり方だ。目印もなければ、オモリもない。糸はミチ糸だのハリスだのと、面倒なものはいっさいなく、通しの糸を使う。

渓流釣りの仕掛けに目印を使うのは〝常識〟である。目印がなければ魚信《あたり》がとれない。にもかかわらず、なぜ目印をつけないのか……？　私がそんな疑問に首を傾けていると、

「水の中から、魚が目印を見よります。人間の目に見えるものは、魚の目からすりゃあ、もっとよう見えとりますけぇ。そしたらもう釣れんです」

かつて、松岡も目印を使った仕掛けで試してみたこともあったが、やはり目印をつけない仕掛けのほうがよく釣れたという。

「岡山は三月一日から八月三十一日までが解禁。私は六月までは0・6号の糸を使い、それから後は1号の通しでやるです」

「1号じゃ太すぎるんじゃないですか？　普通は0・4号とか0・6号とか、細いハリスを使うんですけどね」

私がいうと彼はヘッと笑い、

「あまりかわらんね。私が六月以降、太い糸を使うんは、でかいのがこの季節に釣れるからでね。糸を細うせんと釣れんいうのは、ウソ。そりゃあ、ヘタなんじゃ！」

確かに、イワナならハリスが1号ぐらいの太いのを使っても釣れるという説はある。だが、松岡はイワナ以上に繊細で神経質なアマゴを釣る場合も、同じ仕掛けでやるの

である。

鉤にしても釣り糸同様、三、四月が8号、五月以後は10号の鉤を使う。10号の鉤を使う時は、チョロ虫を三、四匹がけ。

仕掛けの長さは、長くても一メートルぐらい。本流であろうと支流であろうと、決してこれ以上長い仕掛けは使わない。

その理由は、仕掛けが長いと扱いにくいから。長い仕掛けを使って、うまく扱えるはずがない、と彼は断固とした口調で呟くのである。

「ヤブの多い沢、例えば枝沢に入る時なんかやったら、四十センチとか三十センチとかまで短こうします。そうやってヤブの下を躰をかがめて釣り歩くんですわ」

話を聞いているうちに、私はふと、あることを思い浮かべた。あること、というのは、松岡の釣りは、いわゆる〝フカセ釣り〟ではないかということである。そんな想像を口にしてみると、

「違いますな」

ズバリといわれてしまった。

松岡のやり方はこうだ。まず、鉤にかけたエサを、竿先でチョンとあおるようにして、ココというポイントに振り込む。松岡がやるのを見ていると、エサのついた鉤が、

生き物であるかのようにスッと水面にとんだ。小粒の弾丸か羽のはえた小虫のように見える。

着水すると同時に、間髪入れず、糸をピンと張る。エサは水面に浮かすでもなく沈めるでもなく、水面下二、三センチのところを流すのである。

「フカセとは違うとるでしょうが……」

と松岡がいうとおり、ナルホドこれではやはりフカセとはいえない。

「水面のちょっと下を流すのがコツかな……魚はね、沈むエサより浮いて流れるエサを好むんです。じゃけぇ、流れのトロいところなんかではエサをひいてやるんです」

溪流釣りの〝極意〟ともいえるのが、エサを自然に流すということではなかったか。いや溪流釣りだけにかかわらず、釣りという釣りは、いかに自然にエサを流すかという太古からの大主題があったのではなかったか……。にもかかわらず、自然に逆らい、沈もうとするエサを沈めず、とどまろうとするエサを糸をひいて流すのが溪流釣りの真骨頂だと、松岡はいうのである。

松岡には魚が見えるという。水中で遊泳したり、ジッと身をひそめていたり、流れてくるエサにワッと喰いついてくる魚の姿が見えるというのである。

見える魚は釣れない……その言葉は、魚釣りでも人生でも、多分に真実を含んでいると思われるが、彼にいわせると百パーセント真実ではない、という。

「見えている魚が釣れんのは、魚にこっちの姿を先に見られたから。魚に見つかる前に自分が魚を見つけりゃあ、間違いなく釣れるんです」

松岡流にいえば、魚が見えなけりゃ、釣りにはならんのじゃ、ということになる。つまり、彼は、水中の魚を目で見、エサを流し、流れるエサを追って出てきた魚を釣り上げるというわけである。

「魚が、エサに喰いついたかどうかという瞬間に、フッと糸を緩めちゃるんです。ホンのちょっと、魚の口の中に入るぐらい、ね」

例えば、毛鉤釣りの場合、毛鉤を追って出てきた魚が見えた瞬間、アワセをくれてちょうどいいぐらいだといわれる。これは擬似鉤《ぎじばり》を使っているわけだから、魚に贋物《イミテーション》の虫だと悟られる前に鉤がかりさせなければならないからである。偽餌と悟った瞬間、イワナやアマゴなど繊細にして狡猾な渓流魚は鉤を吐き出してしまう。彼の場合、生きエサを使ってはいるが、川虫を流すというところは毛鉤釣りと同じ。鋭い鉤もついている。にもかかわらず、アワセをくれる前に糸を緩めるのである。

「唇にかけるとか何とか、そんな甘いことというとったらいけん。私しゃ職業《しごと》でやってるんですけぇ、ガッチリくわえさせる」

溪流釣り師の中には、魚の唇にかかるぐらいで釣り上げるのが上手な釣りだという人もいる。それも確かに的を射てはいるが、彼にいわせれば、ガッチリと、鉤を呑みこませるぐらいで釣るのがホントの上手ということになる。

つまり、松岡の釣りは〝ゲーム〟でもなければ〝スポーツ〟でもなく、生計としての釣りなのである。

しかし。私は執拗に〝常識〟に拘泥《こうでい》した。

「目印をつけたほうが、魚信もとりやすく、釣りやすいと思うけど……」

いうと、松岡はフッフッと笑い、

「アンタ、魚の身になってみんさい。目印が水面にうつったら、魚がイヤがりましょう」

呟いた言葉は、ひょっとして、二十年以上のキャリアを持ち、釣りに人生を賭けた彼の釣りのすべてといっていいのではないだろうか。ふと私はそんな気がして黙りこんだ。

魚の身になって考える……。釣ることはもちろん、次に育つ魚を釣り滅ぼさず、生かし続けるということも含め、最後に松岡がいった言葉は、私にはあまりに強烈で、尖鋭でありすぎた。

「今年は百キロ、来年はまた同じぐらい釣りますよ」

余裕いっぱいに松岡が思う。私は黙って頷く。

言葉が、ない。

魚は、モノをいわない。

釣り師の〝影〟で、生きる……。

エピローグ

山で生きることの凄さを書いてみたい、と思うようになったのは、いつのことだったろうか。最初に会ったのが、どこの山の誰だったのか、はっきりとした記憶はないが、そのころも山へ入っていた。

私は山奥の渓に棲むイワナやアマゴ、ヤマメを釣るために、ほとんど憑《つ》かれたように山へ入っていた。

ただ、釣り師としての私はほとんど劣等生だった。一尾か二尾の魚を釣ってしまうと、あとはもうほとんど〝釣り気〟を失くしてしまうのである。もちろん、魚を釣りたいという気がなかったわけではない。自己弁護的にいわせてもらえば、釣りの技術が拙なかったわけではない。

妙に人恋しくなるというか、人に会いたいと思うようになるのである。だから、私の釣行や山行は、気晴らしでも逃避でもない。

いつのころからか、私の釣行は魚を釣ることを目的とした釣行から、人に会いに行く山行へと逆転していた。

山で生きる人たちから話を聞き、その合い間に釣りをするというやり方になっていたのだった。

山にそれぞれの貌《かお》があるように、山に生きる人にもそれぞれの人生があり、貌が、あった。これは海に生きる人についても同じことだし、私は海に生きる人たちの話も書いている。

私は、それぞれの人の人生、貌のひとつひとつを、糸を紡ぐように〝山人〟のドラマとして文字にしていきたいと考えたのだった。

こういう作業をやる中で、私が自分に枷《か》したのは、お茶を飲んだり酒を呑んだりして話を聞くだけでなく、必ず現場に同行させてもらうということだった。彼らの話の行間から人生を読みとるのではなく、実際の現場に立ち合い、血と汗の中から、涙や笑いを読みとりたかったのである。

このような話を書いているあいだに、もっと民俗学《フォークロア》の世界にまで立ちこんで書いたほうがいいのではないかという意見《アドバイス》をくださる方もあったが、私は意見としては有難くいただきながらも、決して民俗学の立場に立って彼らのドラマを書くことはしなかった。そうしなかったのは、民俗学では書ききれない彼らの〝個人〟の山の人生を書くのが私の仕事だという気持ちがあったし、彼らの暮らしを民俗学として拾って歩くのは私の仕事ではないと思っていたからである。

彼らの人生のヒダに刻みこまれた生きざまは、どの部分、カケラを拾っていくだけでもドラマがあったし、チャッとボタンを押したり、コインを放りこむだけで、望みどおりのものが出てくる暮らしからは、想像もできないほど、深い綾があった。

それを限られた原稿用紙のマス目に埋めていくのは楽しくもあり、辛くもあった。鮮明に書こうとしながらも、書き上げたあとでは何かがこぼれ落ちているような気がして、痛恨の一滴に浸るのだった。

最初に書いたように、私が山へ入るようになったのは、渓流釣りがきっかけになっているが、釣りのガイドを頼りに山へ行くということはあまりやらなかった。ガイドを信用するとかしないとかいうことではなく、これは単純に横着であるから。それに、五万図や二万五千図をヨロヨロと読みながら、魚がいるかどうかを推理することが楽しかったからでもある。

山に生きる人に会いに行くようになって、その傾向はますます強くなったように思うがそうなると、私の〝釣り場〟は、その人の住む〝山〟の渓に向けられることになる。

ただ、竿を持っていきながら、一度も竿を出すことなく帰ることもあった。魚がいなかったわけではなく、同行した現場や、その人の生きざまに圧倒されるばかりの時である。

彼らの人生は、あまりにも深淵で、茫洋としていた。

本書は、山で生きる人たちのドラマがテーマになっている。いわば、山のプロフェッショナルの人生を描いていこうとしたもので、いわゆる山歩きや山登りの技術にテーマを置いたものではない。

だから、山歩きや山登りをされる読者には技術の面などではあまり参考になるところは少ないかもしれない。が、山行の途中で、ふと聞く風の音や渓水の流れの中に、山人のドラマといったようなものをホンのつかの間でも感じていただくことにでもなれば、私としては幸せである。

山を仕事場にして生きる人たちの心根には山を深く愛しながらも、どうしようもない山への〝憎しみ〟があったことも私は感じている。ある意味では、山はそれほどに〝深い〟ともいえるのだが、憎みながらもなお山を愛し、逃れられずにそこで生きようとする人間の人生は、あまりに痛烈で、深い。

あるとき、月刊雑誌の『山と溪谷』編集部の神長幹雄氏と新橋の喫茶店で雑談しながらそんな話をしていたとき、山屋としての山のプロフェッショナルではなく、私が書き続けてきたような〝山の世界〟も、今何かに書きとめておくことは必要ではないか、ということで、『山と溪谷』誌上に執筆の機会を与えていただいた。

ここに取材、収録した作品は、月刊誌『山と溪谷』（山と溪谷社）、『樽』（たる出版）、『マガジン99』（日本出版社）に掲載した作品のほか、新たに取材して書きおろしたものをまとめている。

何者かもわからない私を、快く受け入れてくださり、かえって足手まといになるのも嫌がらず、現場へ同行させていただき、貴重な話を聞かせていただいた一人一人の〝山人〟の方に、ここで、あらためて深くお礼を申しあげたい。

十数年こんな世界を描き続けてきた私は、本書に収録させていただいた方以外にも、多くの〝山人〟とお会いしているが、それはまた別の日に、機会があればまとめてみたいと思っている。

本書が、一冊にまとまったことで、私の〝山行〟が終わるわけでは、ない。これは決して「。」ではなく、「、」である。

まだまだ山で生きる人に聞いておきたい話はたくさんあるし、山に入れば会ってみたい人たちが多勢いる。旺盛な好奇心は刺激されて盛んになるばかりである。

いま、四国の徳島を流れる那賀川上流にある温泉で、この〝あとがき〟を書きながら、次はどこへ行こうか、と考えている。私は何やら底なし沼かアリ地獄に陥った虫にでもなったような心境で、この仕事から逃れられないでいる。

これまで歩いて、人と会い、事実は小説より奇なりという明快な俚諺《りげん》の事実を、ペンの先にひっかけながら、文字にしていきたいと思っている。

月日の移ろいは驚くほど速い。ウロウロ、ヨタヨタと私がコンクリートジャングルを這い出し、山奥や海辺を彷徨しているあいだに、月日は容赦なく過ぎていた。

本書で取材させていただいた方の中には、当時は健在であったのに、その後、残念ながら他界された方もある。人生は永遠ではないから、それはそれでしかたのないことかもしれないが、その生きざまを私がつかの間でも見聞でき、ひ弱なヒダに刻みこむことができたことは多大な幸運だったと思っている。

いつか、また、私は山を歩いているだろう。月日の移ろいの中で、私は山や海を感じ、ふとその過ぎこしの日を感じることがあるかもしれない。

山や海で生きる人の人生は、あまりにも鮮明である。コンクリートジャングルに浸って私が死んでいるとき、それはさらに強烈に浮かび上がってくる。
私は、いつかまた、ヨタヨタと重いザックを担いで、とび出していくことになる。
月日は、過ぎていく……。

（一九八六年四月十一日　徳島県那賀川にて）

文庫版のためのあとがき

そして時は、流れてゆく……。

そのころも旅をしていた。仕事での旅、遊びの旅、どちらの旅も心の間隙に巣喰う虚しさを好奇心で埋めようとするかのような旅をしていた。遊びの旅のひとつであった釣り旅もそんな旅であったが、山という自然のフィールドを仕事の場として生きる人たちの話を書いてみたいと思ったのは、イワナやヤマメ、アマゴなどの溪流魚を釣りに山や溪《たに》に入る〝旅〟もきっかけのひとつになっていたのではあるまいか。

沢や溪をめざして山に入っているとき、ふいに人と出会うことがあった。それが釣りの先行者だとちょっとばかり落胆してしまうところだが、釣り人ではなく、あきらかに地元の山仕事の人らしいとわかるとにわかに元気百倍、いい釣り情報が聞き出せるのではないかという希望の光がわいてくるのである。

しかし、釣り情報の余談のようにして山人たちの仕事の話、山の話、経験談を聞いてみると、次から次へと興味深い話が飛び出してくるのだった。そうして話を聞くほどに意識のどこかに眠っていた好奇心の虫が動きはじめ、いつの間にか山人たちの世界に引き込まれてしまっているのだった。興味深いという域を超えて、魅了されていたといったほうがいい得ているだろうか。

ところで。

私が山人たちの仕事や暮らしに興味を惹かれるのは、幼少の一時期、多少の期間ではあったが山間の集落で暮らしたことが影響しているかもしれない。プロローグでも少し触れたことだが、私は島根県の山奥の村で生まれた。そして小学校に上がる一年ばかり前に大阪という〝都会《まち》〟に転居。父の勤務地が大阪になったからである。が、大阪に移ってほどなく、心臓を患って病臥の日々を送らなければならなくなった。その原因が都会の暮らしに馴染めなかったからかどうかはわからないが、それまでの山間の集落での暮らしと都会での暮らしの落差、変化といったものからくる精神的ストレスが多少なりとも影響していたのは間違いない。

山間の集落での暮らしの痕跡は、その後も薄まりながらもなおどこかに残っていたようで、無意識のうちにその感性が山人たちの暮らしに惹かれていく導線となっていたのではないか、と思う。

そして時は、流れ……私は還暦をすぎる年齢になったが、今なお想いのどこかに山人たちの生活、生き様に惹かれる感性を引きずっているように思う。マ、それはともかく。

山人とは、いうまでもなく山で仕事をする人のことである。山というフィールドで働き、生計を得ている人、といっていいかもしれない。しかし、一概に「山人」といっても、その仕事の内容はさまざまである。ちょっと思いつくだけでも山そのものを仕事場とする山林事業者、山林労働者はともかく、木を伐るのを仕事とする樵《きこり》あるいは杣人《そまびと》、炭焼き、猟師、山菜採り、渓流魚を釣る職漁師、ボッカ、山小屋番など実にさまざまな職がある。鉱山師や山中の金脈を探し求めて一攫千金を狙う〝山師〟なども山人と呼ぶ範疇に入るのかもしれない。そんな山人たちの中で私が書いてみたいと思ったのは山林従事者や鉱山師、山師のように山そのものを相手に仕事をする人たちではなく、いってみれば山の恵みを享受して生きる人たちの暮らしの姿や形を綴ってみたいと思ったのである。同時にそれは人と自然の関わり方を考えてみたいという意識でもあっただろう。

山人たちを訪ねる旅をし、『山人たちの賦』を書いていたころ、私は千葉県の公団住宅というコンクリートジャングルの中で暮らしていた。私を山へ向かわせたのはひょっとするとコンクリートジャングル暮らしの息苦しさから解放されたいという欲求があったからではないかと思う。だからひとつの山旅が終わり、原稿を書き上げると何かに急《せ》かされるように次の山旅の地を求めてまた旅へ……。コンクリートジャングルの中へ「戻りたくない症候群」であろうか。

その後、自然のある地を探して千葉を抜けだし、湘南に居を移して二十年ばかり暮らし、終《つい》の棲家として海山に囲まれた三重県尾鷲《おわせ》市に根をおろしている。

そして時は流れ、『山人たちの賦』を刊行してからひと昔、ふた昔、三つばかりの昔が過ぎた。約三十年という時の流れの中で山と人のかかわりようもずいぶん変わってきたように思う。それは山人の変化というより、山あるいは山間の集落のありようの変化といったほうがいいかもしれない。交通網は驚異的といっていいほどの迅さで整備が進み、山は開発され、山間の暮らしは地方色を薄くして普遍化してゆく。山という自然環境の中で生まれ、固有の文化を築き上げてきた山人たちの仕事は暮らしが普遍化してゆく中で個性を失い、紡ぎだし、育んできた暮らしの形は歴史の中に埋もれていく……。最後のマタギ。最後の木地師。最後の職漁師。最後の……。人はいつかまた、山へ向かうのだろうか。

時は、流れていく……。

（二〇一五年十月二十六日　尾鷲の自宅にて）

初出掲載誌一覧

北の山の羆撃ち　『山と溪谷』（山と溪谷社）一九八六年二月号
北涯の森の探究師　『山と溪谷』一九八六年四月号
阿仁のマタギ　『マガジン99』（日本出版社）一九八六年二月号
絶壁の岩茸採り　書き下ろし
白馬岳のボッカ　書き下ろし
浅草生まれの山小屋主人　『山と溪谷』一九八六年三月号
イワナの養殖師　『樽』（たる出版）一九八〇年四月号
修験者の宿坊守　『樽』一九八〇年七月号
大峯に賭けた父と子　『樽』一九八一年六月号
最後の木地師　『樽』一九八〇年九月号
北山の老猟師　『樽』一九八一年五月号
京都修道院村　『樽』一九八〇年十一月号
職業的釣り名人　『溪流フィッシング'85』（山と溪谷社）一九八五年四月

『山人たちの賦　山暮らしに人生を賭けた男たちのドラマ』一九八六年八月・山と溪谷社刊
この文庫版は、同書を底本として一部に加筆・訂正し、「北涯の森の探究師」を追加したものです。

甲斐崎 圭（かいざき・けい）一九四九年、島根県生まれ。作家。自然と深く関わりながら生きる人びとのルポルタージュを主に手がける。三重県尾鷲市在住。『第十四世マタギ 松橋時幸一代記』（筑摩書房・中公文庫・ヤマケイ文庫）、『羅臼 知床の人びと』（マガジンハウス・中公文庫）、『ニッポン豊饒紀行』（小澤書店）、『海を喰らう山を喰らう 全国「猟師・漁師」食紀行』（日本経済新聞社）、『もうひとつの熊野古道「伊勢路」物語』（創元社）、『紀州犬 生き残った名犬の血』（光文社新書）等著書多数。

地図製作＝株式会社千秋社
カバーデザイン・本文ＤＴＰ＝高橋　潤（山と溪谷社）
カバー写真＝勝峰　翳
編集＝藤田晋也、勝峰富雄（山と溪谷社）

山人たちの賦

山暮らしに人生を賭けた男たちのドラマ

二〇一五年一二月二三日　初版第一刷発行
二〇一六年　八月二五日　初版第二刷発行

著　者　甲斐崎　圭
発行人　川崎深雪
発行所　株式会社　山と溪谷社
郵便番号　一〇一-〇〇五一
東京都千代田区神田神保町一丁目一〇五番地
http://www.yamakei.co.jp/
■商品に関するお問合せ先
山と溪谷社カスタマーセンター
電話　〇三-六八三七-五〇一八
■書店・取次様からのお問合せ先
山と溪谷社受注センター
電話　〇三-六七四四-一九一九
ファクス　〇三-六七四四-一九二七

本文フォーマットデザイン　岡本一宣デザイン事務所
印刷・製本　株式会社暁印刷
定価はカバーに表示してあります

Printed in Japan　ISBN978-4-635-04791-3